首都圏版⑪ **最新入試に対応！　家庭学習に最適の問題集!!**

白百合学園小学校

2025年度版 過去問題集

2022～2024年度 実施試験 計3年分収録

問題集の効果的な使い方

①学習を始める前に、まずは保護者の方が「入試問題」の傾向や、どの程度難しいか把握をします。すべての「アドバイス」にも目を通してください。
②各分野の学習を先に行い、基礎学力を養いましょう！
③力が付いてきたと思ったら「過去問題」にチャレンジ！
④お子さまの得意・苦手がわかったら、その分野の学習を進め、全体的なレベルアップを図りましょう！

厳選！ 合格必携 問題集セット

記　憶	Jr. ウォッチャー ⑳「見る記憶・聴く記憶」
行動観察	Jr. ウォッチャー ㉙「行動観察」
口頭試問	口頭試問最強マニュアル ペーパーレス編・生活体験編
面　接	入試面接 最強マニュアル
面　接	面接テスト問題集

日本学習図書 ニチガク

目指せ！合格！

家庭学習ガイド 白百合学園小学校

ペーパー　個別テスト　口頭試問　行動観察　親子面接

入試情報

募集人数：女子約60名
応募者数：非公表
出題形式：ペーパー・ノンペーパー
面　　接：保護者・志願者面接
出題領域：ペーパーテスト（記憶、言語、常識、図形、数量、推理など）、個別テスト、口頭試問、行動観察

入試対策

2024年度の入学試験は、2023年度同様、上記内容が実施されました。録音による出題に答える形式にも変更はありませんでした。「ペーパーテスト」は幅広い分野からの出題となっている上、制限時間も短く正確さが求められますので、時間を意識した対策は必須です。また、ペーパーテストで求められるような知識が、個別テストでも問われることが特徴の１つです。おはじきやカードで答える問題も例年よく出されますので、筆記用具を使わない回答形式にも慣れておきましょう。「行動観察」は、「集団行動」を通して協調性を測ります。考査時間は以前よりも短くなりましたが、問題数は2022年度から５問程度増えています。さまざまな問題を解くため、１時間を越える考査に耐えられる体力・集中力は必須です。また、親子面接では、主に志願者へ質問されます。普段からお子さまとしっかり会話する時間をつくり、発言するということに慣れておきましょう。保護者の方は、当校の特徴であるモンテッソーリ教育について、理解しておく必要があります。

●ペーパーテスト・個別テストでは、たし算・ひき算などの数量や、ブラックボックスという推理分野など、思考力を必要とする難しい問題が出題されることがあります。基礎学力を徹底し、応用問題にも挑戦していきましょう。

●近年は常識分野の出題が目立っています。生活知識や言葉の使い方は自然と培われるものですが、さらに発展的問題に取り組む必要があります。

●親子面接は志願者に質問が集中します。友だちの名前や遊び方、手伝い、食べ物の好き・嫌いについてなどオーソドックスな質問が中心ですので、答える内容以前に、お子さまの「らしさ」がしっかり発揮できるよう、会話に慣れていくようにしましょう。

「白百合学園小学校」について

〈合格のためのアドバイス〉

当校は、入学後の規律が厳しいことがよく知られています。しかし、学校側ではそれを特に厳しいものとは考えていません。1つひとつをお子さまの成長において必要な躾として位置付けています。そのような考えを持った学校であれば、同じ考えを持ったご家庭とともに6年間を歩んでいくことを望んでいると考えることができます。入学試験においても、それらの点を観ているのは当然でしょう。具体的には、言葉遣い、立ち居振舞い、生活習慣、取り組み方などが挙げられます。特に、当校の「従順・勤勉・愛徳」の3つの校訓の後に、「すすんで～」という言葉が続いていることから、「取り組み方」は非常に重要であることがうかがえます。その点を踏まえて家庭学習計画・方針を立てることがポイントになります。

入学試験においては難易度の高い問題も時折出題されていますが、難しい問題だけに重点をおいたり、結果ばかりを重視した学習を行うことは得策とはいえません。個別テストが実施されていることからも、解答を導き出すまでのプロセスに重点をおいた学習と基本問題の学習を徹底して行うようにしてください。プロセスを確認する方法としては、問題を解いた後に、どうしてその答えになったかの説明をさせる方法があります。またいつも同じ問題で間違えてしまうお子さまには、お子さまが先生、保護者が受験生役になって問題の説明をさせることで、どの過程で間違えているかを把握することができます。

このように少し工夫をすることで柔軟な学習が可能になり、難度の高い問題にも対応できる力が備わります。まずは、基礎学力と柔軟な思考力、想像力、表現力をしっかり身に付けるように心がけてください。

〈2024 年度選考〉

〈面接日〉

◆保護者・志願者面接（考査日前に実施）

〈考査日〉

◆ペーパーテスト

◆個別テスト・口頭試問

◆行動観察・巧緻性

◇過去の応募状況

2016 ～ 2024 年度 非公表

入試のチェックポイント

◇受験番号は…「web 受付順」

◇生まれ月の考慮…「あり」

白百合学園小学校

過去問題集

〈はじめに〉

現在、少子化が叫ばれているにもかかわらず、私立・国立小学校の入学試験には一定の応募者があります。入試は、ただやみくもに学習するだけでは成果を得ることはできません。志望校の過去における出題傾向を研究・把握した上で、練習を進めていくこと、試験までに志願者の不得意分野を克服していくことが必須条件です。そこで、本問題集は小学校を受験される方々に、志望校の出題された問題をより分かりやすく理解して頂くために、アドバイスを記載してあります。最新のデータを含む精選された過去問題集で実力をお付けください。

また、志望校の選択には弊社発行の**「2025年度版 首都圏・東日本 国立・私立小学校 進学のてびき」**をぜひ参考になさってください。

〈本書ご使用方法〉

◆出題者は出題前に一度問題を通読し、出題内容などを把握した上で、〈 準 備 〉の欄に表記してあるものを用意してから始めてください。
◆お子さまに絵の頁を渡し、出題者が問題文を読む形式で出題してください。問題を読んだ後で、絵の頁を渡す問題もありますのでご注意ください。
◆**「分野」**は、問題の分野を表しています。弊社の問題集の分野に対応していますので、復習の際の目安にお役立てください。
◆一部の描画や工作、常識等の問題については、解答が省略されているものがあります。お子さまの答えが成り立つか、出題者が各自でご判断ください。
◆〈 時 間 〉につきましては、目安とお考えください。
◆本文右端の［〇年度］は、問題の出題年度です。［2024年度］は、「2023年の秋に行われた2024年度入学志望者向けの考査で出題された問題」という意味です。
◆**学習のポイント**は、指導の際にご参考にしてください。
◆**【おすすめ問題集】**は各問題の基礎力養成や実力アップにご使用ください。

〈本書ご使用にあたっての注意点〉

◆文中に**この問題の絵は縦に使用してください。**と記載してある問題の絵は縦にしてお使いください。
◆〈 準 備 〉の欄で、クレヨン・クーピーペンと表記してある場合は12色程度のものを、画用紙と表記してある場合は白い画用紙をご用意ください。
◆文中に**この問題の絵はありません。**と記載してある問題には絵の頁がありませんので、ご注意ください。なお、問題の絵の右上にある番号が連番でなくても、中央下の頁番号が連番の場合は落丁ではありません。
下記一覧表の●が付いている問題は絵がありません。

問題1	問題2	問題3	問題4	問題5	問題6	問題7	問題8	問題9	問題10
									●
問題11	問題12	問題13	問題14	問題15	問題16	問題17	問題18	問題19	問題20
	●	●							
問題21	問題22	問題23	問題24	問題25	問題26	問題27	問題28	問題29	問題30
							●	●	
問題31	問題32	問題33	問題34	問題35	問題36	問題37	問題38	問題39	問題40
問題41	問題42	問題43	問題44	問題45					
●	●	●	●	●					

㊢ 先輩ママたちの声！

◆実際に受験をされた方からのアドバイスです。
ぜひ参考にしてください。

白百合学園小学校

・ペーパーテストは解答時間が短いので、一度で確実に答えられるように練習をしました。

・ペーパー、行動観察、面接など総合的に評価しているように感じました。

・面接で、子どもへの質問が矢継ぎ早に行われ、泣き出してしまったお子さまもいたようです。面接の練習はしておいた方がよさそうです。

・想像以上の長時間で、娘は電車の席に座った途端、寝てしまいました。待ち時間用に本を持って行った方がよいでしょう。

・子どもの態度、姿勢、行動すべてを試験時間の中で細かく観察されているように思います。

・先生方や在校生の方から、とても落ち着いた雰囲気がうかがえて、よい学校であると感じました。面接も和やかな雰囲気の中で行われました。

・試験時間が長く、子どもの忍耐力が試される試験です。特に個別テストを行う時の順番待ち時間は長いようなので、試験前にお子さまにそのことを伝えておいた方がよいと思います。

・面接での保護者への質問は、家庭環境・教育方針についてのものが多いようです。子ども（志願者）に兄弟・姉妹がいると、それに関する質問も多くなるようです。

◎学習効果を上げるため、前掲の「家庭学習ガイド」及び「合格のためのアドバイス」をお読みになり、各校が実施する入試の出題傾向を、よく把握した上で問題に取り組んでください。
※冒頭の「本書のご使用方法」「ご使用にあたっての注意点」も併せてご覧ください。

2024年度の最新入試問題

問題1　分野：お話の記憶

〈準備〉　クーピーペン（青）

〈問題〉　お話をよく聞いて、後の質問に答えてください。

今日はゆりこさんの誕生日です。パーティーのためにお母さんが、ゆりこさんの大好きなシチューを作ってくれます。ゆりこさんとお母さんは一緒に、商店街に買物に行くことにしました。お母さんは明るい色のセーターにチェック柄のスカート、そして黒い靴を履きました。ゆりこさんは水玉模様のワンピースに赤い靴、そしてお花のポーチを肩から下げました。二人はまず、クリーニング屋さんに寄ってお父さんのシャツを出しました。その後ケーキ屋さんに寄って、イチゴが6個乗ったショートケーキを買いました。ケーキ屋さんから出た二人は、隣のパン屋さんには寄らずに数件先の八百屋さんに行きました。「へい、いらっしゃい！」八百屋のおじさんはいつも大きな声です。八百屋のおじさんは緑の帽子に白いシャツ、腰には紺色のエプロンをしていました。お母さんはレタスとニンジンを買って八百屋を出ました。近くにいつも寄っている魚屋さんがありましたが、今日は寄りませんでした。家に帰ってシチューの下ごしらえを始めたお母さんが、急に声を上げました。「困ったわ。じゃがいもとトマトを買い忘れてしまったわ」ゆりこさんはシチューのジャガイモが大好きなのでびっくりしました。「私、お買い物行ってくる」と言って立ち上がりました。するとお父さんが「ちょっと待って。戸棚の下のかごにジャガイモがあったはずだよ」と言いました。戸棚の下を探してみると、お父さんの言うとおりジャガイモがありました。「よかった。これで買い物をお願いせずに済むわ」と言って、お母さんはシチューを作り始めました。サラダはトマトを使わずに、レタスをちぎって作りました。お料理が出来上がったので、ケーキにろうそくを6本立てて、火を点けました。「ハッピーバースデー」の歌でお父さんとお母さんがお祝いをしてくれました。「ありがとう」と言って、ゆりこさんはろうそくの火を一気に吹き消しました。ケーキはイチゴの数がみんな同じになるように切り分けました。お母さんが「今日はお祝いだから」と言って、ゆりこさんにイチゴをひとつくれました。美味しいケーキと大好きなシチューを食べて、ゆりこさんはとっても幸せでした。

（問題1－1の絵を渡す）
①お母さん、ゆりこさん、八百屋さんの服装で正しいものに○をつけてください。
（問題1－2の絵を渡す）
②お母さんとゆりこさんが寄った店には○を、通り過ぎた店には△をつけてください。
（問題1－3の絵を渡す）
③お母さんとゆりこさんが買ったものに○をつけてください。
④ケーキのイチゴはそれぞれいくつ食べましたか。たべた数だけ顔の右の四角に○を書いてください。

〈時間〉　各10秒

〈解 答〉　①お母さん：左から二番目　ゆりこさん：右端　八百屋さん：左端
②ケーキ屋：○　パン屋：△　クリーニング屋：○　八百屋：○　魚屋：△
③④下図参照

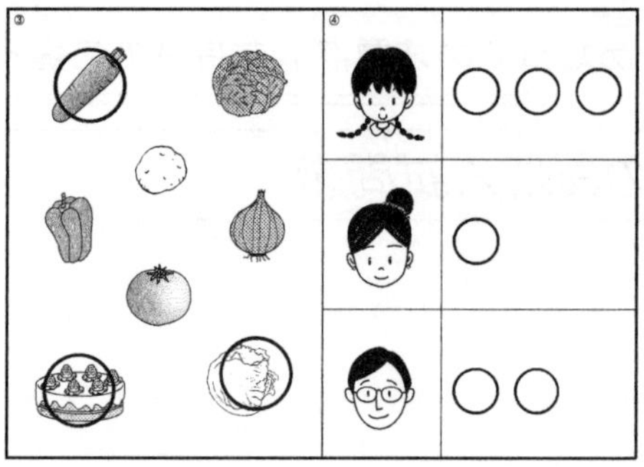

アドバイス

2022年度以降、当校のお話の記憶は長文化の傾向にあります。長くなるとどうしても集中力が保てなくなりますので、普段の読み聞かせでもなるべく長文を選び、慣れておくことをお勧めします。今回の問題は登場人物が少なく、内容的にも想像しやすいお話なので、集中して聴くことができれば答えやすいでしょう。ただ、登場人物の服装や商店街の店など、細かな記憶を試される問題も含まれますから、全体の流れを手がかりに、細部のイメージを膨らませてお話を聴けるように、普段の読み聞かせでもお子さまの様子に注意しておきましょう。長文が苦手なお子様には、適度な長さのものから徐々に長文へと慣らしていく必要があります。弊社発行の『お話の記憶』には、初級編から上級編までさまざまな類似問題を収録してありますので、お子さまの習熟度に合わせた学習の力になると思います。是非参考になさってください。

【おすすめ問題集】
1話5分の読み聞かせお話集①②、 お話の記憶 初級編・中級編・上級編、
Ｊｒ・ウォッチャー19「お話の記憶」、34「季節」

問題2　分野：見る記憶

〈準 備〉　クーピーペン（青）

〈問 題〉　（問題２－１の絵を渡し15秒間見せる）
この絵を「やめ」というまでしっかり見てください。
（15秒後）やめ。（問題２－１の絵と問題２－２の絵を交換する）
今見た絵にいなかった動物全部に○をつけてください。

〈時 間〉　30秒

〈解 答〉　ライオン、キリン、リス

アドバイス

見る記憶の問題は、なるべく全体と細部の両方を交互に見て、互いに関連付けながら覚える方法があります。一つひとつの絵をしっかり確認しながら、全体の位置と結びつけて記憶します。この時注意することは、ちらばった絵を記憶する順番です。数を数えるときの方法と同じく、毎回同じ位置から、同じ方向に進むようにして記憶していきます。また、気をつけなければいけないのは、あやふやな思い込みで記憶してしまうことです。この問題の場合だと、サバンナの風景だから、ライオンやキリンがいる「だろう」という決めつけは絶対に避けなければいけません。これは記憶に自信がない場合に起こりがちですので、類似問題を多く解いて慣れておきましょう。ただし記憶の方法は、得意不得意やお子さまの特性にもよりますので、家庭学習を繰り返しながら、お子さまに合った方法を見つけましょう。

【おすすめ問題集】

Ｊｒ・ウォッチャー20「見る記憶・聴く記憶」

問題3　分野：図形分割

〈準備〉　クーピーペン（青）

〈問題〉　左の四角にある図形を作る時に、右の四角の中で使わないものを選んで○をつけてください。

〈時間〉　各10秒

〈解答〉　下図参照

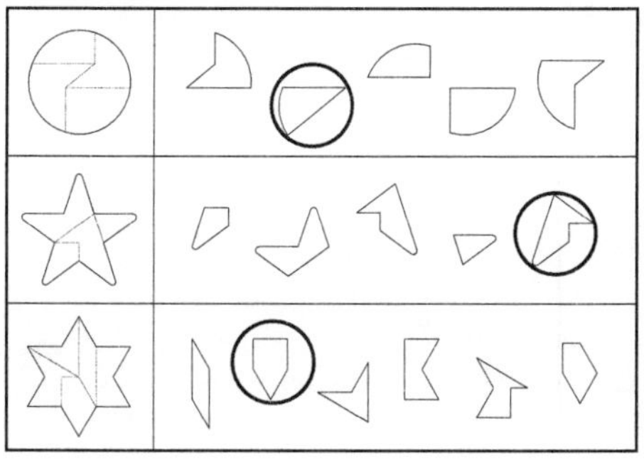

アドバイス

図形分割の問題は、分割されたパーツがそれぞれ全体のどこの部分に当たるかを見極める速さが重要です。選択肢の中から似たような部分を素早く見つけることができれば、大幅な時間短縮になります。類似の問題を多く解いていくことで、図形に対する感覚や理解は深まりますから、普段の学習でも意識しておきましょう。また、こうした問題は頭の中だけではどうしても理解しにくいものです。もしお子さまが苦手に感じているようでしたら、実際に紙を切って、動かしながら問題を解くことをお勧めします。実際に具体物でやってみることで図形の理解も深まり、巧緻性の練習にもつながります。その場合の注意点として、切り分けたパーツの表裏が同じ色の場合、裏返ってしまうとわからなくなってしまいますので、折り紙など、表裏のわかりやすい紙を使うようにしましょう。

【おすすめ問題集】
Ｊｒ・ウォッチャー３「パズル」、45「図形分割」、54「図形の構成」、59「欠所補完」

問題4　分野：回転図形

〈準備〉　クーピーペン（青）

〈問題〉　上の四角にある例を見てください。四角の右上に矢印があります。この矢印の数だけ四角を回転させると、○がついた目盛りまで進みました。このことから、四角ひとつ分の長さは目盛りひとつ分と同じということがわかります。では、同じように下の四角を回転させるとどこまで進みますか。正しい目盛りに○をつけてください。

〈時間〉　各15秒

〈解答〉　下図参照

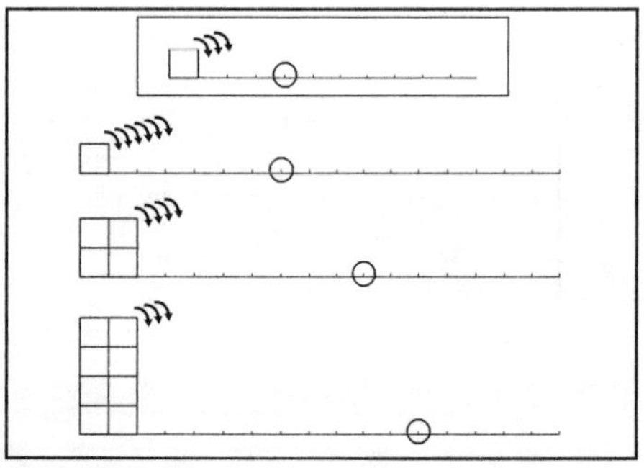

アドバイス

これまであまり出されたことのない形式の問題です。回転図形の形式を取っていますが、内容的には倍数の問題とも考えられます。一辺のマスの数を矢印の数の分だけ増やす、という法則を発見できれば①と②は正答することが出来るでしょう。③の長方形の場合は変則的ですので注意が必要ですが、基本的なお約束が理解できていれば困ることはないでしょう。感覚がつかめないお子さまには、積み木を使って実際に転がしてみることをお勧めします。また、解答は目盛りに○をつける形式なので、しっかり見やすい線を書くことも重要です。線が弱かったり、２つの目盛りにかかってしまうようでは正解と見做されない場合もあります。問題によっては線の書きかたも見られることもあります。普段からきれいな線を書くよう心掛けてください。

【おすすめ問題集】
Ｊｒ・ウォッチャー41「数の構成」、46「回転図形」

問題５　分野：数量（数の構成）

〈準備〉　クーピーペン（青）

〈問題〉　上の絵を見てください。１枚のコインで買える果物の数はこのとおりです。
下の四角にある果物を買うにはコインがいくつあればよいですか。右の四角に○を書いてください。

〈時間〉　各15秒

〈解答〉　①○：５　②○：６

アドバイス

この問題の場合、フルーツとコインの換算を間違えないことは当然大切ですが、まずは正確にフルーツを数えることが重要です。複数のものを素早く正確に数えるコツは、毎回同じ位置、例えば左上からまっすぐ横に視線や指を動かして数えることです。端まで行ったらまた左に戻り、見る位置を下げて同じように数えていきます。毎回同じ数え方をして習熟度を上げることで正確性が上がり、速さも上達していきます。もし間違いが多かったり、集中力が続かないお子さまにはこの方法を試してみてください。簡単なものから始めるようにして、なるべくお子さまが苦手意識を抱かないような工夫も必要です。数える速さ、正確さはこれからの小学校生活においても重要なスキルです。普段から練習を重ねて、お子さまに合った数え方を見つけておきましょう。

【おすすめ問題集】
Ｊｒ・ウォッチャー37「選んで数える」、41「数の構成」、43「数のやりとり」

問題6　分野：記憶（見る記憶）　・個別テスト

〈準備〉　ハンカチ（絵を隠すため）
あらかじめ問題6－1のカードを切り離しておく

〈問題〉　（問題6－2の絵を目の前に置き20秒間見せる）
この絵を「やめ」というまでしっかり見て覚えてください。
（20秒後）やめ。（ハンカチで問題6－2の絵を隠す）

（問題6－1の絵から切り離したカードを渡す）
（隠したカードの場所を指し）ここにあるカードの絵はどれですか。
渡したカードの中から選んで答えてください。

〈時間〉　適宜

〈解答〉　省略

アドバイス

8枚のカードの数字とマークをそれぞれ覚えなければいけません。頭の中で言語化して記憶する時間もありませんので、映像として記憶するよう意識しましょう。これは練習することで上達しますので、今日からでも日々の学習に取り入れることをお勧めします。実際にトランプの数字カードを使い、まずは1枚から、数秒見せて隠し、数字とマークを答えさせます。慣れてきたら1枚ずつ増やして、同様に繰り返し練習しましょう。ただし、あまり長時間やるのはお勧めしません。集中力が切れてきたと思ったら切り上げて「また明日」というように、飽きさせず続けることを優先してください。短時間の深い集中力は記憶の分野以外にも大きな力になりますので、身につけるようにしましょう。

【おすすめ問題集】
Ｊｒ・ウォッチャー20「見る記憶・聴く記憶」、新 口頭試問問題集、
口頭試問最強マニュアル ペーパーレス編

問題7　分野：行動観察　・個別テスト

〈準備〉　なし

〈問題〉　（問題7の絵を見せながら）
この絵を見てください。お母さんがこのような顔をするのはどのような時ですか。それぞれ話してください。

〈時間〉　適宜

〈解答〉　省略

アドバイス

母親の感情を想像して答えさせる問題です。あらかじめ回答を用意することもできないため、普段の生活があらわになってしまいます。言い換えれば、それを観るために考えられた問題ともいえるでしょう。答えるのはお子さまで、お母さまはその場で何もできませんから、せめて何を話されても恥ずかしくないような生活を心掛けましょう。また、回答の内容だけでなく、話すときの態度や言葉遣いから、普段の躾や家庭での関係性を見て取ることができます。プライベートな内容を話す時にお母さまの機嫌を伺う態度などは、あまり心証がよくないかもしれません。こういった質問は答えの内容ばかりが重要視されることはありません。お子さまには思ったことを素直に、元気良く話すように指導しましょう。

【おすすめ問題集】

Ｊｒ・ウォッチャー12「日常生活」、新 口頭試問問題集、
口頭試問最強マニュアル 生活体験編

問題8　分野：行動観察　・個別テスト

〈準備〉　なし

〈問題〉　（問題８の絵を見せながら）
この絵を見てください。もしあなたが虫になるとしたらどれになりたいですか。
この絵の中から選んで、その理由を教えてください。

〈時間〉　適宜

〈解答〉　省略

アドバイス

特定の答えがある問題ではありませんが、しっかりと理由を説明できることが大切です。「～から、～です。」と相手の目を見て、理由と結論を話せるようにしておきましょう。また、お子さまが自由に答えを出す上で、それぞれの虫に対して知識を持っておくと、回答も容易になります。イラストを見て、個々の虫がどのような特徴を持っているか、お子さまに質問してみてください。もし、あまり知識がないようであれば、図鑑などを用いて確認しておくことをおすすめします。知識が増えることで、そのものに対する興味が深まり、知識欲につながります。理科や常識の問題の対策になるのはもちろん、学習に対するモチベーションにもつながりますので、楽しみながら知識を増やすきっかけになるよう工夫しましょう。

【おすすめ問題集】

Ｊｒ・ウォッチャー12「日常生活」、新 口頭試問問題集、
口頭試問最強マニュアル ペーパーレス編・生活体験編

問題9　分野：座標の移動　・個別テスト

〈準　備〉　おはじき（問題９の●の場所に置いておく）

〈問　題〉　（問題９の絵を見せながら）
この絵を見ながらよく聞いてください。おはじきを今から言う場所に動かしてください。ただし「どうぞ」と言うまで動かしてはいけません。

①上に１つ、左に２つ、上に３つ、左に１つ、「どうぞ」
②上に２つ、左に２つ、上に２つ、右に３つ、下に１つ、左に２つ、「どうぞ」

〈時　間〉　各10秒

〈解　答〉　下図参照

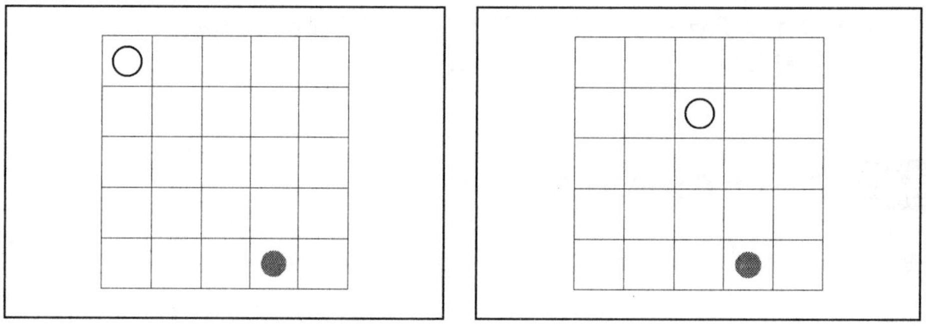

アドバイス

「どうぞと言うまで動かしてはいけません」という指示があるように、指でおはじきの場所を追うことはできません。そのため、最初から最後まで集中して指示を聞く必要があります。話を聞きながら目で●を移動させていくのも一つの方法です。想定より多い指示を出されて慌ててしまうことがないように、普段の学習でも同様の問題で指示を増やすなどして試しておきましょう。また、口頭試問形式ですから、「どうぞ」と言われるまでの待つ姿勢も観られています。背筋が伸びているか、膝の上に手を置いているかといったことも保護者の方は確認するようにしてください。試験を受ける時の態度は、試験の前日にお子さまに伝えたからといって、できるものではありません。普段行う学習でも試験を想定した時間を設けるなどして、自然とできるようにしておきましょう。

【おすすめ問題集】
Ｊｒ・ウォッチャー２「座標」、20「見る記憶・聴く記憶」、47「座標の移動」、
新 口頭試問問題集、口頭試問最強マニュアル ペーパーレス編

問題10　分野：生活巧緻性　・個別テスト

〈準備〉　雑巾、水の入ったバケツ、テーブル、雑巾を入れる袋

〈問題〉　**この問題の絵はありません。**
今から話すことをよく聞いてください。「始め」というまで動かないでください。
始めに雑巾を絞ってください。絞ったら雑巾を畳んで、テーブルを拭いてください。テーブルを拭き終わったら、雑巾を袋にしまってください。
それでは、始め。

〈時間〉　適宜

〈解答〉　省略

アドバイス

雑巾を絞る、畳む、テーブルを拭くといった日常生活での動きは、普段しているかどうかが表れます。これはただ絞る、畳む、拭く、という動作を観るための問題ではありません。それぞれの動作に含まれる意味や目的、気遣いの部分を理解しているかという部分が重要です。雑巾を絞る動作には、雑巾を湿らせ汚れを取りやすくする意味や、しっかり絞ることでテーブルをビチャビチャにしない、周りにも水滴をこぼさないという気遣いが含まれます。畳む動作には、使う面を分けることで汚れを拭き取る面と、最後にきれいな面で拭き上げるという気遣いが含まれます。こうした意味をあらかじめ理解しておくことで、お子さまの動きが全く違ったものになると思います。簡単に身につくものではありませんので、普段の生活に取り入れるようにしましょう。

【おすすめ問題集】
Ｊｒ・ウォッチャー25「生活巧緻性」、口頭試問最強マニュアル 生活体験編

問題11　分野：巧緻性　・個別テスト

〈準備〉　ひも（40cm程度）
問題11－１の絵を太線で切り離し、パンチで穴を開けておく

〈問題〉　**この問題は絵を参考にして下さい。**
３種類の大きさの紙と、ひもがあります。大きいものから順に３枚重ね、ひもを通して、蝶結びをしてください。

〈時間〉　１分

〈解答〉　省略

アドバイス

単純な指示の問題ですので、指示の理解に戸惑うことは少ないと思います。ただ、紐を結ぶときの強さには注意が必要です。３枚重ねるとはいえ薄い紙ですから、力加減を間違えると紙がしわになったり、破れてしまうかもしれません。そうならないためにも、ご家庭で紐の結び方の練習はしっかりしておきましょう。蝶結び、固結び、玉結びの３種類は出来るようにしておくと安心です。実際に手を動かすことでリラックス効果も得られますから、学習の合間にぜひ取り入れてみましょう。また、実際に道具を使った問題のときには、終わった後の後片付けを忘れないようにしましょう。もしゴミが出るような問題の場合はきちんとゴミを捨てる、ハサミなどの道具は安全に整えておく等です。周囲を見る力や気遣いを忘れないように、普段から心掛けておくことをお勧めします。

【おすすめ問題集】

口頭試問最強マニュアル　ペーパーレス編・生活体験編、
実践ゆびさきトレーニング①②③

問題12　分野：行動観察

〈準　備〉　アヒルのマスコット
（４人でテーブルを囲んで行います）

〈問　題〉　この問題の絵はありません。
テーブルの真ん中にアヒルのマスコットを置きます。先生が「キャッ、キャッ、キャッチ」と言ったら素早くアヒルのマスコットを取ってください。ただし、「キャット」や「キャップ」など、違う言葉で動いてはいけません。

〈時　間〉　適宜

〈解　答〉　省略

アドバイス

この問題で大切なことは「集中力」「瞬発力」「他への思いやり」などです。紛らわしい言葉を正確に聞き分け、瞬時に行動に移すためには、「集中」できていることが大切になります。その上で、意欲的に取り組んでいるか、指示を遵守して行えているかなどが入ってきます。また「集中」ばかりに意識がいってしまい、一緒に行うお友だちのことを忘れてはいけません。集団で行う際は、一緒にするお友だちへの気遣いも重要です。入試では、初めて会ったお友達と一緒に行うことになりますから、その点も考慮して対策を取るようにしましょう。また、取れなかった時の態度、何度か取れた時の態度も観点となります。保護者の方は、結果に焦点を当てて対策をするのではなく、楽しみながらも集中して約束を守ることを指導の1つと考えてください。また、注意していただきたいことは、はしゃぐこと、騒ぐことと、楽しんで行うことは違うということはしっかりと理解させてください。

【おすすめ問題集】

Ｊｒ・ウォッチャー29「行動観察」

問題13　分野：面接

〈準備〉　なし

〈問題〉　**この問題の絵はありません。**

〈志願者へ〉
・お名前を教えてください。
・お誕生日を教えてください。
・幼稚園（保育園）のお名前は何ですか。
・担任の先生のお名前を教えてください。
・幼稚園（保育園）では何をして遊びますか。
・お友達と何をして遊びますか。
・中と外どちらで遊ぶのが好きですか。
・両親のすごいと思うところはどのようなところですか。
・お家では何をして遊びますか。
・お家ではどのようなお手伝いをしますか。
・あなたの行きたい小学校はどこですか。
・それはどうしてですか。
・小学校に入ってやりたいことは何ですか。

〈父親へ〉
・本校への志望理由を教えてください。
・お子さまの長所と短所を教えてください。
・お子さまはよくお手伝いをしてくれますか。
・お子さまはどのようなお手伝いをよくしてくれますか。
・お子さまと一緒にどのようなことをしますか。
・お子さまが最近頑張っていることは何ですか。
・お子さまはどのような性格ですか。
・宗教教育についてどう思いますか。
・本校の説明会、見学会には参加されましたか。
・お子さまとはどのようにコミュニケーションを図っていますか。

〈母親へ〉
・受験をいつ頃から考え、どのような準備をしてきましたか。
・家庭の教育方針を教えてください。
・本校の卒業生ですか。
・幼稚園の先生からはどのようなお子さまと言われますか。
・お子さまとはどのようにコミュニケーションを図っていますか。
・お子さまの将来の夢は何ですか。
・お子さまがお手伝いをして最もできるようになったと思うことは何ですか。

〈時間〉　15分

〈解答〉　省略

アドバイス

面接はお子さまを真ん中に挟んでご両親との３人で臨み、それに対して３人の先生が面接され、主に真ん中の先生が質問されて、両サイドの先生はお子さまの様子を観察しておられたようです。質問内容はご家族によって多少異なりますが、ごく身近な比較的答えやすい質問です。しかしお子さまが答えた内容に対して、それに関する質問が次々にあったり、ご両親が答えを求められる場面もあり、日頃の家族の在り方や関わり方が重要視されているように思われます。当校に限らず面接で求められるのは「こう答えれば高く評価される」といった型にはまった模範回答ではなく、各ご家庭のありのままの様子です。ふだんのご家族の様子について何を問われても動揺しないように、マニュアル通り上手に話せるのではなく、自分の言葉でしっかりと話せること、ペーパーテストにこだわりすぎて、明るく素直な子どもらしさをなくしてしまわないようにすることなどに気を付けましょう。

【おすすめ問題集】

面接テスト問題集、保護者のための入試面接最強マニュアル、
新 小学校受験の入試面接Ｑ＆Ａ

家庭学習のコツ① **「先輩ママたちの声！」を読みましょう！**

本書冒頭の「先輩ママたちの声！」には、実際に試験を経験された方の貴重なお話が掲載されています。対策学習への取り組み方だけでなく、試験場の雰囲気や会場での過ごし方、お子さまの健康管理、家庭学習の方法など、さまざまなことがらについてのアドバイスもあります。先輩ママの体験談、アドバイスに学び、ステップアップを図りましょう！

2023年度以前の入試問題

問題14　分野：お話の記憶

〈準備〉　クーピーペン（青）

〈問題〉　お話をよく聞いて、後の質問に答えてください。

森の中に大きな３階建ての家があり、そこには１羽のカラスと魔法使いのおばあさんとお母さんとチチという女の子の３人家族が住んでいました。チチは長い髪をみつあみにして、しま模様のTシャツを着て、ズボンを履いています。お母さんは長い髪をお団子にしてまとめていて、おばあさんは、パーマがかかった白い髪が特徴です。魔法使いの世界では、大人になるととても素敵でかっこいい服を着ます。チチはその服を着るのが憧れで、早く大人になりたくて仕方ありません。ある時、お母さんが薬の材料を探していました。その薬は、病気やケガが早く治る効果があります。材料の1つであるヒマワリは見つかったのですが、もうひとつの材料である虹色の花がありません。そこで、虹色のお花を探しに、みんなでほうきに乗って出かけることにしました。しばらく行くと、クマさんが「痛いよ、痛いよ」と言っている声が聞こえてきました。川を過ぎた所で降りたチチたちは、「どうしたの、大丈夫？」と言うと、「お腹が痛い。」と、クマさんは泣いています。そこで、ヒマワリで作った薬をあげました。クマはみるみる痛みがとれて、元気を取り戻しました。３人はほっとして、またほうきに乗り、虹色のお花を探しに出かけました。しばらくすると、ウマさんとサルさんが、具合悪そうに「痛いよう」と言っている声が聞こえてきました。降りて行ってみると、サルさんは「手をぶつけて痛いの」、ウマさんは「足を捻ってしまって、痛くて歩けないの」と苦しんでいました。早速、ヒマワリで作った薬を飲ませると元気になりました。また３人は空を飛んでいると「助けて～」という声が聞こえてきました。降りて行ってみると、ライオンさんが悪い魔法使いに捕まって、檻に閉じ込められていました。おばあさんが魔法を使って檻から出してやりました。喜んだライオンさんは、お礼にと言って、虹色のお花をおばあさんに３本、お母さんに２本、チチに２本上げました。そしてライオンさんは１本手元に残しました。大喜びした３人は「これを探していたところなの、ありがとう」とお礼を言い、またほうきに乗って家に向かいました。３人は、「これで森のみんなが元気に過ごせるね」と喜びました。

（問題14の絵を渡す）
①チチのお母さんに○を、チチには△を、おばあさんには□をつけてください。
②それぞれの動物はどのようなことで困っていましたか。線で結んでください。
③チチたちが飼っていた鳥に○を、この中で飛べない鳥に△をつけてください。
④出かけてから、１番初めに出会った動物に○をつけてください。
⑤ライオンさんが持っていた虹色のお花は何本でしたか。その数だけ右側の上から２番目の四角に○を書いてください。
⑥チチたちの家族がもらった虹色のお花は全部で何本ですか。その数だけ右側の下から２番目の四角に△で書いてください。
⑦このお話の前の季節はいつでしょうか。○をつけてください。

〈時間〉　１分

〈解答〉　①○－左端　△－右から３番目　□－右から２番目
②ウマ－足　サル－手　クマ－お腹　ライオン―おり
③○－真ん中（カラス）　△－左端（ペンギン）　④左上（クマ）
⑤○８つ　⑥△７つ　⑦左から２番目（春）

［2023年度出題］

アドバイス

文章としては長い方ですが、内容はそれほど難しくありません。お話の記憶は、体験したことがある内容の方が記憶に残りやすいといわれていますが、今回はファンタジー系のお話です。ファンタジー系の内容について、体験の有無はありませんから、記憶力の差が大きく影響すると言っても過言ではありません。記憶に苦戦してしまったというお子さまは、読み聞かせをする際、多岐にわたる内容のお話に触れる機会を設けましょう。また、当校の出題は録音データを使用しての出題ですので、問題をする際、あらかじめお話を音声機器に録音し、音声データを活用して問題を解くこともおすすめです。お子さまが問題を解いている際は、その様子を観察し、記憶できているかを確認してください。集中力を持続できるようにお話を聞く回数を重ね、本番で聞き漏らすことのないようにしましょう。また、記憶をもとに終了の加算減算や季節の常識問題が出題されています。ただ記憶のみにとどまらず幅広い知識もつけておきましょう。

【おすすめ問題集】

１話５分の読み聞かせお話集①②、　お話の記憶 初級編・中級編・上級編、
Ｊｒ・ウォッチャー19「お話の記憶」、34「季節」

問題15　分野：図形（重ね図形）

〈準備〉　クーピーペン（青）

〈問題〉　左側を見てください。２つの図形を点線のところで折って重ねると、どのような形になりますか。右側から探して○をつけてください。

〈時間〉　１分

〈解答〉　①左から２番目　②右から２番目　③左端

［2023年度出題］

アドバイス

重ね図形の問題です。折って重ねるため、左側の図形は反転させて右側の図形に重ねることになり、少し複雑な内容です。このような図形の問題の場合、お子さま自身に答え合わせをさせることをおすすめいたします。その方法ですが、まず、クリアファイルとホワイトボード用マーカーを用意します。図形の上にクリアファイルを置き、図形をなぞって、もう１つの図形に重ねると答えが分かります。保護者の方が採点をするのと、お子さま自身が答え合わせをするのでは、理解度が大きく異なります。また、マーカーは簡単に消すことができるので、別の問題でも使用できます。ぜひ活用してみてください。また、クーピーを使用する際、変に力を入れると途中で折れてしまいます。試験中にそのような事態になってしまうと、お子さまの心理状況は安定せず、落ち着きを失ってしまうことでしょう。そうならないためにも、正しい筆記用具の使用方法も修得しておきましょう。

【おすすめ問題集】

Ｊｒ・ウォッチャー35「重ね図形」

問題16　分野：言語（反対語）

〈準備〉　クーピーペン（青）

〈問題〉　「タカ（鷹）」を反対から言うと「かた（肩）」になります。このように反対から言うと違う言葉になるものを、下から探して線で結んでください。

〈時間〉　30秒

〈解答〉　タイ（鯛）ーいた（板）　セミーみせ（店）　イカーカイ　ナスーすな（砂）
ワニーにわ（庭）

［2023年度出題］

アドバイス

このように反対から言うと別の意味の物になる言葉や、回文（前から読んでも後ろから読んでも同じ言葉になるもの）、同頭音、同尾音など、言葉に関する出題は、小学校受験では頻出の分野となっています。このような問題に対応していくには、語彙の多さと言葉と物が一致していることが重要です。身の回りにあるさまざまなものを活用し、このような言葉遊びに活用できるものがないか探してみましょう。このような遊びを通して、お子さまの語彙力を伸ばすことも可能です。また、言葉に興味・関心を持つことで、お子さまの語彙は増え、語彙が増えると言葉以外の知識について、知りたいという欲が芽生えてくることでしょう。このような知識の会得に関するスパイラルに乗れば、お子さまの知識は一気に増加していきます。習得した知識が更なる知識の修得につながることはよくあることです。お子さまの好奇心を刺激してどんどんと知識を習得していきましょう。

【おすすめ問題集】

Ｊｒ・ウォッチャー17「言葉の音遊び」、60「言葉の音（おん）」

問題17　分野：常識

〈準備〉　クーピーペン（青）

〈問題〉　今からお話をします。正しいことを言っている動物は誰ですか。お話が終わったら、正しいものに○をつけてください。
サル「１週間は７日あるよ。」
イヌ「秋の前の前の季節は冬だよ。」
ネコ「木曜日の次の日は金曜日だよ。」
ウサギ「クリスマスは、お正月の前にあるよね。」
クマ「リンドウは秋に咲いて、シクラメンは夏に咲くよね。」

〈時間〉　15秒

〈解答〉　サル、ネコ、ウサギ

［2023年度出題］

アドバイス

記憶力と常識の複合された問題です。問題を全て話し終わるまで解答することができないため、それぞれの動物がどのようなことを言ったのか、最後までしっかりと記憶していなければ、正誤が分かっていても解答はできません。複数のものを関連づけて、解答まで記憶し続けるのは、記憶力のみならず、集中力も持ち合わせていなければ対応できないでしょう。また、お子さまが答えた解答用紙を確認しましたか。自信を持って解答した場合、解答記号は大きく綺麗な形をしていますが、自信のない解答の場合は、解答記号は控えめで、形も崩れている場合が多く見られます。このようなところからもお子さまの問題に対する進捗を知ることもできますので、こうしたことも活用しながらお子さまの状況を把握しましょう。

【おすすめ問題集】

Ｊｒ・ウォッチャー34「季節」

問題18　分野：言語（しりとり）

〈準備〉　クーピーペン（青）

〈問題〉　それぞれの段でしりとりをした時に、３番目に来るものに○をつけてください。

〈時間〉　30秒

〈解答〉　①スズメ　②ワニ　③リンゴ　④ウシ

［2023年度出題］

アドバイス

この問題を解くには、まずは描いてあるものでしりとりを完成できなければなりません。しかし、スタートが示されていないため、最初に、どこからしりとりを始めたらよいかで悩んでしまうお子さまがいると思います。このようなしりとりの場合、まずは選択肢の中で二つの絵をつなぎます。一番上の絵を例にしますと、「スズメ」と「メガネ」がつながります。次に、残りの絵の中から、この前後につながる絵を探します。「スズメ」には「カラス」が前に来て、「メガネ」の後には「ネズミ」が来ます。残された「メダカ」はカラスの前に来ます。「メダカ→カラス→スズメ→メガネ→ネズミ」という順番でつながり、３番目に来る「スズメ」が解答ということになります。しかし、最初に「スズメ→メダカ」としてしまうと、他がつながらなくなってしまいます。その場合、その繋がりは間違いであるため、つながる別のものがないか探しましょう。

【おすすめ問題集】

Ｊｒ・ウォッチャー49「しりとり」

問題19　分野：見る記憶

〈準備〉　クーピーペン（青）

〈問題〉　（19－1の絵を渡し15秒間見せる）
この絵を「やめ」というまでしっかり見てください。
（15秒後）やめ。（19－1の絵と19－2の絵を交換する）
①今見た絵にあったもの全部に○をつけてください。
②今見た絵には何人いましたか。その数だけ下の四角に○を書いてください。

〈時間〉　20秒

〈解答〉　①ジャングルジム・水飲み場・ブランコ・滑り台・砂場・ベンチ　②○：5

［2023年度出題］

アドバイス

15秒間という時間が長いのか、短いのか、まずはお子さま自身に体験させてください。記憶をするには時間が短いことが分かると思います。その短時間で、描かれてある絵を記憶するのですから、練習が求められることが分かることでしょう。しかし、記憶の力は一朝一夕には身に付きません。毎日少しずつ練習を重ねていくことで、身に付く力になります。おすすめの学習方法は、お子さまの身近にある具体物を利用して練習をすることから始め、少しずつ、描いた絵につないでいくことです。また、記憶分野の問題を解く際、落ち着いた気持ちで向き合わなければなりません。それは、先入観をもって臨んだ場合、先入観と問題が一致すればよいですが、一致しなかった場合、混乱が生じて解答にも大きく影響を及ぼしてしまうからです。試験中にこうなると、他の問題にも影響します。そうならないためにも、先入観を捨てて問題に向き合う習慣を付けましょう。

【おすすめ問題集】
Ｊｒ・ウォッチャー20「見る記憶・聴く記憶」

問題20　分野：数量（数の差）

〈準備〉　クーピーペン（青）

〈問題〉　２つの四角に描かれてある絵を比べた時、いくつ違うでしょうか。その数だけ、右側の四角の中に○を書いてください。

〈時間〉　30秒

〈解答〉　①○：４　②○：３　③○：６

［2023年度出題］

アドバイス

学力という面から考えると、数えたのち、２つを比較してその差を求めてほしいのですが、できない場合は別の方法で解答を導き出すことができます。２つを比較し、少ない方の数を数え、その分だけ多いほうの絵を手で隠します。一番上の問題を例にすると、左は４個で右は８個描いてあります。左の方が少ないので、この数（４個）の分だけ右のスイカを手で隠します。残った数が解答となります。この方法は、正解を求めるための方法で、数を理解したこととは違います。入学までには、差を求められるようしっかりと学習しましょう。また、この問題の絵を利用して、合わせるといくつになるかという問題もやってみるとよいでしょう。

【おすすめ問題集】

Ｊｒ・ウォッチャー14「数える」、38「たし算・ひき算１」、39「たし算・ひき算２」

問題21　分野：推理（マジックボックス）

〈準備〉　クーピーペン（青）

〈問題〉　１番上の段を見てください。それぞれの箱を通るとリンゴの数が変わります。この約束のとき、それぞれ段、描かれてある箱を通るとリンゴはいくつになりますか。その数だけ右の四角に○を書いてください。

〈時間〉　１分

〈解答〉　①○：４　②○：７　③○：７

［2023年度出題］

アドバイス

まず、四角の箱を通ると数がどのように変化するか、きちんと把握しなければなりません。ウサギの箱は２つ増え、ネズミの箱は１つ減ります。この数の把握が基本となり、それぞれの段に描いてあるリンゴの数を変化させていきます。解き方は、２通りのアプローチ方法があります。１つは、箱を通る度に数を増減させていく方法です。一番上の問題を例にすると、３個のリンゴは、ウサギの箱を通ることで５個になり、次のリスの箱を通るときに１個減るので４個になります。このように数を操作して解答することができます。もう１つは、箱の部分だけを見て、箱を通ると何個増減するのかの結論を出した後、左の数と合わせる方法です。これも一番上の問題を例にします。箱だけを見ると、ウサギは２個増え、リスは１個減ります。すると、箱を通るとリンゴは１個増えることになります。その増える１個と元の３個を足して４個になります。どちらの方法を用いても構いません。ただ、可能なら両方できるようにしておくとよいでしょう。

【おすすめ問題集】

Ｊｒ・ウォッチャー32「ブラックボックス」

問題22　分野：言語（作文の表現力）　・個別テスト

〈準備〉　絵を切り抜き、お父さん、お母さん、おじいさん、おばあさんのペープサート（紙人形）を作る。

〈問題〉　ここにあるものを２つ選んでください。今選んだ２人になりきって、好きなように話し合ってください。いつもお家で話しているように話し合いましょう。

〈時間〉　１分

〈解答例〉　（お母さんとお父さんを選んだ場合）
お父さんのペープサートを出して「お母さん、お菓子を買ってきたよ」
お母さんのペープサートを出して「ありがとう。ではお茶にしましょうね。」
お父さんのペープサートを出して「おじいさんと、おばあさんを呼んでくるよ」
お母さんのペープサートを出して「お願いしますね、おじいさんは多分庭にいらしゃると思います。」……

［2023年度出題］

アドバイス

ここでポイントとなるのは、「いつもお家で話しているように」という点です。保護者間の会話ですが、いつもと言われながらも、お子さまの印象に残っている会話がなされるでしょう。この時の話題はどのような内容でしょうか。また、保護者の方の話し方はどうですか。お子さまを怒ってばかりいると、怒っている印象を与えてしまいます。そうならないためにも、普段から言葉遣いなどには気をつけましょう。ここで発表される会話が、楽しい内容になるためには、普段から楽しい会話が溢れている家庭が望ましいわけです。また、発表しているときのお子さまの目はどうでしたか。目は口ほどにものを言うという諺があるとおり、目を見ればどのような状況かは判断されてしまいます。お子さまは、常に周りの大人が言動の教師ですので、何気ない会話を身に着けていきます。表現力、話す言葉の強弱などに注意し、普段の会話を見直すきっかけにしましょう。

【おすすめ問題集】
Ｊｒ・ウォッチャー29「行動観察」

問題23　分野：お話作り　・個別テスト

〈準備〉　なし

〈問題〉　絵を見てください。上の絵から下の絵になるまでの間にどのようなことがあったのか、お話を作って繋いでください。

〈時間〉　１分

〈解答〉　省略

［2023年度出題］

アドバイス

お話作りは、体験や読み聞かせが多ければ難なく作ることができるでしょう。まずは、お子さまの回答に耳を傾け、お子さまがどこまで話ができるかをしっかりと観察してください。実際の試験では、回答だけでなく、回答している時の態度、姿勢、言葉遣いなども観られますから、その点もしっかりと把握をして、苦手な所を改善しましょう。このようなお話作りは、回答者自身に自信がなければ、しっかりとした発表ができません。また、回答時に身体がフラフラしていては、よい回答はできません。まずはお子さまのよいところを伸ばし、自信をつけさせてください。そうすると、姿勢も自然と修正されてきます。対策の一つとしては、園から帰宅したら、毎日、園であったことを話すようにしてはいかがでしょう。少しずつ、上達していくと思います。

【おすすめ問題集】

Ｊｒ・ウォッチャー21「お話作り」

問題24　分野：常識（仲間）　・個別テスト

〈準備〉　なし

〈問題〉　絵を見てください。
この中で仲間でないものはどれでしょうか。それはどうしてですか。話してください。

〈時間〉　30秒

〈解答例〉　モモ…植物、他は生き物　イルカ…海や川にいるもの、他は陸のもの

[2023年度出題]

アドバイス

このような問題の場合、分け方の基準は何種類もあります。大切なことは、分けた後の理由をきちんと言えるか否かにあります。ですから、このような問題の場合、選別と理由を述べることがセットになって一つの正解となります。また、口頭試問での試験の場合、一度解答をした後に、別の分け方を求められることはよくあります。そのため、固定概念に縛られるのではなく、さまざまな観点からグループ分けをし、その理由を答える練習を取り入れるとよいでしょう。このような問題の対策を取る場合において大切なことは、自分の思ったことをはっきりと言える環境を作ることです。否定から入るのではなく、話を聞き、理由を聞いた上で、その理由に対し質問することで気づかせるようにしてください。否定してしまい、自分の意見を言わなくならないように、お子さまの意見について検証する形を取るようにしましょう。

【おすすめ問題集】

Ｊｒ・ウォッチャー27「理科」、55「理科②」

問題25　分野：図形（模写）

〈準備〉　クーピーペン（青）

〈問題〉　上の形を見てください。この形と同じ形になるように線を書いてください。

〈時間〉　40秒

〈解答〉　省略

［2023年度出題］

アドバイス

簡単な模写の問題です。上の４つの形を記憶すればよいのですが、それが不可能であれば、２つの段を一つのものとらえ、同じ形のものからまとめて書いていく方法もあります。この方法は、処理スピードが上がるため、試験対策としては有効ですが、初めからこの方法で取り組むことはおすすめできません。まずは、記憶の練習も兼ねて、最初に全ての形を記憶してから順番にやっていくとよいでしょう。線を書くときはクーピーペンの先がつぶれないように筆圧も考えながら線を書くように心がけてください。先端が太くなると、線からはみ出してしまいます。このような模写で大切なことは、どこから書き出すかです。始点が定まれば、線を描くことも難しいことではありません。また、筆記用具の持ち方もチェックしてください。筆記用具の持ち方は、入学試験のためだけでなく、これから先にも関係することですから、この際、正しい筆記用具の持ち方を習得しましょう。

【おすすめ問題集】

Ｊｒ・ウォッチャー51「運筆」、52「運筆②」

問題26　分野：置き換え　・個別テスト

〈準備〉　赤いシール、青いシール、赤いおはじきと青いおはじき３個ずつ

〈問題〉　※問題を出すときはシールを指で押してから、口で音をまねて出してください。
赤いシールを押すとラッパの音が「プー」と鳴ります。青いシールを押すと太鼓が「タンタン」と音がします。では今からどちらかのシールを押します。その音が聞こえたら、同じ色のおはじきを１つずつ□に置いてください。
赤シール「プー」→赤シール「プー」→青シール「タンタン」→赤シール「プー」→青シール「タンタン」→青シール「タンタン」

〈時間〉　１分

〈解答〉　赤→赤→青→赤→青→青

［2023年度出題］

アドバイス

ペーパーの置き換えの問題を、口頭試問形式にしたような問題です。他校の出題を見ても、類似問題は見られず、当校ならではの問題といえます。故に、試験までにはこのような出題形式の問題には慣れておく必要があります。口頭試問の問題でやっかいなのは、ペーパーと違い、回答を導き出すまでのプロセスも観られるという点です。反応の早さ、正確さ、聞くときの態度、姿勢、意欲など、いろいろな角度から観られます。しかし、逆に考えれば、結果オンリーのペーパーテストとは違い、努力が採点に含まれる要素があります。そのため、正解以外のことについては全問、共通だといえます。態度面は、口頭試問だけでなく、広義に捉えたら、運動、面接、行動観察にも影響します。

【おすすめ問題集】

Ｊｒ・ウォッチャー57「置き換え」

問題27　分野：巧緻性　・個別テスト

〈準備〉　なし

〈問題〉　２つの形の黒い線のところを手でちぎってください。

〈時間〉　１分

〈解答〉　なし

［2023年度出題］

アドバイス

まず、「ちぎる」と「破く」は違うことを理解しているでしょうか。「ちぎる」ときは左の指と右の指をくっつけ、離れないように左右の指を前後に動かします。この動作を繰り返して形を切り取っていきます。「破く」は、指と指が離れた状態で、大きく前後に動かします。一度にたくさんの長さを切れますが、切る場所を正確に切ることはできません。この問題ですが、お子さまはどのようにちぎったでしょうか。描かれてある状態のままちぎっていったのか。それとも、まずは左右大きく２つに分けてからちぎっていったのかどちらだったでしょう。問題では指示が出ていませんから、やりやすい方で構いませんが、最初に分けた方がちぎりやすいと思います。このような事は体験から理解していきます。ちぎった後、ゴミはちゃんと捨てているでしょうか。こうした習慣が試験の時に出てきますので、注意してください。

【おすすめ問題集】

実践 ゆびさきトレーニング①②③、Ｊｒ・ウォッチャー25「生活巧緻性」

問題28　分野：行動観察

〈準備〉　なし

〈問題〉　**この問題の絵はありません。**

音楽に合わせモニターの真似をして踊る。その後、グループで決めた人の真似をする。

〈時間〉　適宜

〈解答〉　省略

［2023年度出題］

アドバイス

この問題も結果を求めるというよりは、取り組む姿勢、意欲、集中力など、結果以外の要素が大きな割合を占める問題といえるでしょう。このような運動系の内容が苦手だという方もかなりいると思いますが、最後まで諦めずに一生懸命取り組むことを指導してください。また、話し合ってお手本となる人を決めるときは、自分の意見をはっきり言えるようにしましょう。お手本になったからといって、よい点が取れるわけではありません。どのような状況でも、指示をしっかりと聞き、指示を厳守し、一生懸命取り組むことが大切です。間違ったときは気にせず、楽しく続けましょう。

【おすすめ問題集】

Ｊｒ・ウォッチャー29「行動観察」

家庭学習のコツ②　「家庭学習ガイド」はママの味方！

問題演習を始める前に、試験の概要をまとめた「家庭学習ガイド（本書カラーページに掲載）」を読みましょう。「家庭学習ガイド」には、応募者数や試験課目の詳細のほか、学習を進める上で重要な情報が掲載されています。それらの情報で入試の傾向をつかみ、学習の方針を立ててから、対策学習を始めてください。

問題29　分野：親子面接

〈準備〉　なし

〈問題〉　この問題の絵はありません。

〈志願者へ〉
・名前を教えてください。園の名前とクラスの名前も教えてください。
・担任の先生の名前と、どのような先生か教えてください。
・お休みの日はどのようにして過ごしていますか。
・お父さんとお母さんとは、どのようなことをして遊びますか。
・お父さんとお母さんのすごいと思うところを教えてください。
・家でのお手伝いと、その時気を付けていることを教えてください。
・今頑張っていることはありますか。
・将来の夢は何ですか。
・宝物はありますか。それは何ですか。

〈父親へ〉
・カトリック教育について考えを聞かせてください。（母親も）
・お子さまの回答についての感想を聞かせてください。（母親も）
・家事の分担はありますか。それはどのようにされてますか。
・志望理由をお聞かせください。

〈母親へ〉
・子育てで苦労されたことをお聞かせください。
・いつごろから受験を考え、準備をされましたか。
・園ではどのようなお子さまと言われていますか。
・コロナウイルス対策はどのようにされましたか。
・お仕事をされていますが、子育てを助けてくださる方はいらっしゃいますか。

〈時間〉　10分

〈解答〉　省略

［2023年度出題］

アドバイス

当校はモンテッソーリ教育をしていることから、面接は手伝いについての質問がここ数年続いています。まずは、モンテッソーリ教育がどのようなことかを把握しておくことをおすすめいたします。そうすることで、ご自身の意見やしていることとの相違点が把握でき、回答にも有効だと思います。面接での対応についてですが、お子さまはその場での付け焼刃の回答はなかなかできません。面接は日頃の生活を基に回答しますので、面接だからではなく、普段の生活を重視し、自分でできることはやるようにしておきましょう。保護者の方への質問も、例年、大きな変化はありませんので一応の対策は立てておいてください。質問時間はさほど長くありませんので姿勢などにも保てるようにしておくことです。

【おすすめ問題集】
面接テスト問題集、保護者のための入試面接最強マニュアル、
新 小学校受験の入試面接Q＆A

問題30　分野：お話の記憶

〈準備〉　クーピーペン（青）

〈問題〉　お話をよく聞いて、後の質問に答えてください。

朝から雲ひとつない青空でしたが、夕方になって突然雨が降ってきました。お父さんから「駅まで傘を持ってきてくれないかな」と電話がありました。お母さんは赤ちゃんがいるので、家を出るわけにはいきません。そこで、ゆみちゃんは弟と一緒に駅へ行くことになりました。ゆみちゃんは赤い色の傘を、弟は黄色い色の傘をさし、お父さんの黒い傘をゆみちゃんが持って出かけました。途中、近所のおじさんが慌てて洗濯物を取り込んでいるのが見えました。少し歩くとドーナツ屋さんです。その前を通ると、とてもおいしそうなにおいがします。中からドーナツの入った袋を抱えた男の子が出てきました。２人は、「おいしそうだね、食べたいね」と言いながら駅へ向かって歩きました。しばらくすると、ポストのところで手紙を出していた着物姿のおばあさんに声をかけられました。「きょうだいでどこへ行くの？仲が良いのね」「お父さんの傘を駅まで届けるんです。」「そう、偉いね。気をつけていきなさいね。」と言われ、おばあさんと別れて歩き出しました。いつも遊んでいる公園まで来ました。公園の池には、アヒルが３羽泳いでいました。見ていると、そこへ４羽やってきて、にぎやかになりました。「気持ちよさそうに泳いでいるね。」とアヒルを見ている弟に、「はやく行こうよ。」と手を強く引っ張ったので、弟は転んでひざをすりむいてしまいました。「ごめんね。痛いでしょう。」「大丈夫だよ。早くお父さんを迎えに行こう」と言いました。駅の近くまで来て、お父さんを探していると、イヌを連れたおじさんが隣を通っていきました。「あっ、お父さんだ」弟が指をさし、お父さんが歩いてくるのが見えました。ちょうどお父さんが駅の花屋さんの前を通った時、近所のお姉さんが花を買って出てくるのが見えました。「お父さん、遅くなってごめんね。」と言って、ゆみちゃんがお父さんに傘を渡しました。「２人で来てくれたのか、ありがとう、助かったよ。」途中の八百屋さんで、サツマイモとブドウを買いました。ブドウはお母さんの大好きなものなので「おかあさん、きっとよろこぶね」と言いながら歩きました。弟の足のけがのことを話すと、お父さんが「薬屋さんで薬を買おう」と言い、薬屋さんで薬とマスクを買いました。気がついたら雨は止んでいて夕焼けがきれいに見えていました。

（問題30の絵を渡す）
①天気はどのように変わりましたか。探して○をつけてください。
②ゆみちゃんの家族は何人ですか。その数だけ○を書いてください。
③ゆみちゃんの傘の色と同じ色を探して○をつけてください。
④アヒルは全部で何羽いましたか。その数だけ四角に○を書いてください。
⑤お話に出てきた人と関係のあるものを線で結んでください。

〈時間〉　30秒

〈解答〉　①晴れ－雨－晴れ　②○：５　③－ポスト　④○：７
⑤おばあさん：ポスト　お姉さん：花　おじさん：イヌ　男の子：ドーナツ

［2022年度出題］

アドバイス

お話は長く、展開が目まぐるしく変わるという、内容も豊富なお話です。集中力をしっかり保ち、最後まできちんと聞くことが求められます。お話の記憶力は読み聞かせの量に比例するといわれています。また、このような内容の場合、読み聞かせの量だけでなく、生活体験の量の影響も顕著に表れます。設問に目を向けると、問われている内容もさまざまで、記憶できていないと回答することができないものもあります。焦らず、取り組むことを心がけてください。子どもがお話を記憶をする時、大人とは違う方法で記憶をします。大人はキーワードなどを覚え、それに関連づけていく方法をとりますが、子どもはその方法を用いる段階まで成長できていないため、お話を頭の中でイメージ化して解答していきます。ですから、冒頭から終わりに向かって設問が設定されていると解答しやすいのですが、問われる場所がお話の中で前後する場合、しっかりと記憶が定着していないと、解答できなくなってしまうこともあります。焦らず、しっかりと取り組みましょう。

【おすすめ問題集】

1分5話の読み聞かせお話集①②、お話の記憶　初級編・中級編・上級編、

Ｊｒ・ウォッチャー19「お話の記憶」

問題31　分野：数量（加算）

〈準備〉　クーピーペン（青）

〈問題〉　上の四角を見てください。それぞれ描いてある数のリンゴとイチゴを持っています。それでは、下の四角の２人の数を合わせると、リンゴとイチゴはそれぞれいくつになるでしょうか。その右の四角にその数だけ○を書いてください。

〈時間〉　30秒

〈解答〉　①リンゴ：３　イチゴ：７
②リンゴ：９　イチゴ：３
③リンゴ：７　イチゴ：６

[2022年度出題]

アドバイス

複数のものを合計させる難易度の高い問題です。このような問題の場合、一度に二つを処理するのではなく、まず最初はイチゴかリンゴ、どちらか一方を数える。それか、人に着眼し、それぞれが持っている数を解答欄に書いていく方法があります。また、上に描かれてある絵を見ると、それぞれが持っている果物が、ランダムに描かれてます。ですから、果物を正確に、素早く数える力も求められます。どちらにしろ、処理スピードも大切な要素としてお考えください。数量に関する問題の間違いは、数え忘れるか、重複して数えるかが大半を占めます。そうならないためにも、数える方向を常に一定にする。数えたものに簡単な印をつける。という方法があります。しかし、後者の場合、問題をよく見ると、お父さんが２回出てきます。このような場合、印が重複したり、汚くて判別できなかったりすることがあります。そうならないために印は小さくつけましょう。

【おすすめ問題集】

Ｊｒ・ウォッチャー14「数える」、38「たし算・ひき算１」、39「たし算・ひき算２」

問題32　分野：推理（位置の移動）

〈準備〉　クーピーペン（青）

〈問題〉　上に並んでいる矢印がいろいろな方向を向いて並んでいます。下のマスに描いてあるクマさんが上の矢印の通り進んでいくと最後はどこに着くでしょうか。着いたところの点を○で囲んでください。マスを通るときには必ず、マスの中の点を通って線を引いて進んでください。上の矢印は左から右の方へ進みます。

〈時間〉　1分

〈解答〉　下図参照

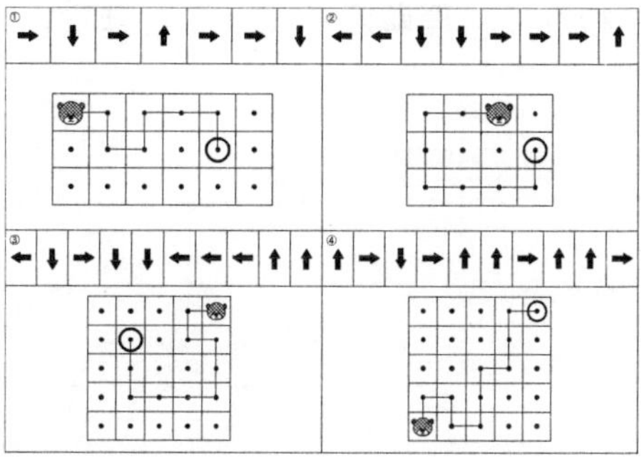

［2022年度出題］

アドバイス

この問題の難しいところは、スタート地点が全て違うという点です。移動については指示された方向に進むだけですから、特に難しいわけではありません。他にも、移動するときマスの中の点を通るという指示が出されています。ですから、点図形の要素も含まれており、お子さまにとりましてはやっかいな問題の一つかもしれません。問題①を例に考えてみましょう。最初の矢印が、右を向いています。ですから、右を向いてスタートを切ることになります。そして次は下を向いていますから、そのまま下のマスに動きます。いきなり線を書くのではなく、このように、一度、目で追って確認を取りながら線を書いていくようにしましょう。間違ったときはその個所に×をつけるように指示されるようですが、紙面の描いた箇所がよごれて、どれが解答としているのか判別しにくくなると、減点の対象か、ゼロになりかねません。マスの中の点は必ず通るようにしましょう。

【おすすめ問題集】
Ｊｒ・ウォッチャー47「座標の移動」

問題33　分野：図形（重ね図形）

〈準備〉　クーピーペン（青）

〈問題〉　左側の絵を見てください。２つの図形を点線で折って重ねた時、中の模様はどのようになるでしょうか。右側の４つの中から選んで○をつけてください。

〈時間〉　40秒

〈解答〉　①右から２番目　②右端　③左から２番目　④左から２番目

［2022年度出題］

アドバイス

このような論理的思考力を要する問題の場合、保護者の方がお子さまに対して口頭で説明を行っても、なかなか理解してもらえないと思います。その様な場合、具体物を使用して理解する方法を実践してみてください。この方法は図形の問題で幅広く活用することが可能で、理解度も上がります。用意するものはクリアファイルと、ホワイトボード用の細いペンです。クリアファイルは下のくっついているところを切り取って、開閉ができるようにしておいてください。用意ができましたら、折り目と開いたクリアファイルの中心が同じなるように重ねます。重ねたら、ホワイトボード用のペンで左側の絵を上からなぞります。できたら、クリアファイルを閉じるようにすると、正解がわかります。自分で操作をすることで、形がどのように変化するかがわかり、理解度もアップします。

【おすすめ問題集】

Ｊｒ・ウォッチャー35「重ね図形」

問題34　分野：図形（面積の比較）

〈準　備〉　クーピーペン（青）

〈問　題〉　左側を見てください。黒い所の広さが同じものを右から探して○をつけてください。

〈時　間〉　30秒

〈解　答〉　①右から２番目　②左端　③右端　④左端

［2022年度出題］

アドバイス

このような問題の場合、パズルに見立てて考える方法もあります。黒いピースを移動させ、はめるとどうなるか、というパズルの考えで、頭の中でピースを動かします。そのとき、図形全てを一緒に考える方法と、形を区切って細分化して考える方法があります。また、マス状になっている場合、黒と白のピースで相殺して考える解き方もあります。どの方法がよいかは、問題によって違いますし、お子さまの得意不得意もあると思います。保護者の方は、解き方についてさまざまな方法を収集しておき、お子さまが困った時、問題やお子さまに合った方法を教えてあげてください。その際、難しく教えるのではなく、パズルのようにと、お子さまが興味・関心を持つような言葉掛けをしてあげてください。

【おすすめ問題集】

Ｊｒ・ウォッチャー３「パズル」

問題35　分野：数量

〈準 備〉　クーピーペン（青）

〈問 題〉　ここにある紐を、はさみのある所で切ったとき、全部で何本になるでしょうか。その数だけ下の四角に○を書いてください。

〈時 間〉　30秒

〈解 答〉　①○：4　②○：6　③○：7　④○：6

［2022年度出題］

アドバイス

1本の紐を1回交差させて、その交差しているところを切ると紐は全部で3本になります。このように、どの状態の時にどこを切ると何本になるのか、実際にやってみるとよく分かります。その上で問題を解くと、お子さまの理解度は上がるでしょう。できなかった場合は、どうしてその答えになったのかを聴取することで、お子さまの思考過程を把握できます。また、このような問題の場合、保護者の方が答え合わせをするのではなく、実際に紐とハサミを持ってきて、お子さま自身にやらせてみてください。まずは、絵の通りの形を作ることができるかどうか、確認をしてください。答え合わせの最中に、いくつか疑問が生じた場合は、疑問を解消すべくじっくりと取り組んでください。急がば回れという諺があるとおり、実際にやらせると時間がかかりますが、理解という観点で観ると、その方が早く理解できることもあります。

【おすすめ問題集】

Ｊｒ・ウォッチャー40「数を分ける」

問題36　分野：常識（季節）

〈準 備〉　クーピーペン（青）

〈問 題〉　今からお話をするので、仲間と思えるものを探してください。

①お盆が近づいてきました。同じ季節と思われるものに○をつけてください。

②お節句が近づいてきたので、こいのぼりを上げました。同じ季節と思われるものに△をつけてください。

③周りの葉っぱが赤や黄色になってきました。同じ季節と思われるものに×をつけてください。

④まもなく新しい年になります。同じ季節と思われるものに□をつけてください。

〈時 間〉　各10秒

〈解 答〉　①○：カブトムシ・モモ　②△：柏餅・ツクシ

③×：柿・キク　④□：鬼の面・鏡餅

［2022年度出題］

アドバイス

季節の問題です。特にコロナ禍の生活を余儀なくされていたため、季節の行事は各ご家庭により、学ぶ機会の差が大きいというのが現実でしょう。ですから、行事を積極的にしていたご家庭なら、行事に関する問題が出題されても大丈夫でしょうが、そうでない場合、結び付けるのが難しいこともあります。同じように季節感が曖昧になっているのが食材です。技術の発達などにより、本来の季節とは違う季節でも手に入れることが可能となってきました。それに伴い、食材などに関する季節感も失われつつありますが、小学校受験の世界では、基本的な問題として出題されます。ですから、しっかりと季節感を把握しておきましょう。季節がずれて周知されているものの代表として、イチゴがあります。イチゴはクリスマスケーキに向けて、冬には出回り始めますが、路地物は夏にできるため夏の野菜です。また、あまり知られていないものではサクランボも夏の果物の１つです。果物と野菜の区別も分かりにくいため、このような機会に指導しておかれるとよいでしょう。

【おすすめ問題集】

Ｊｒ・ウォッチャー34「季節」

問題37　分野：言語（音）

〈準 備〉　クーピーペン（青）

〈問 題〉　ここに描かれている絵のには、「ま」と「し」が付いてるものがあります。それぞれ、その音は言葉の何番目に来るでしょうか。下の四角に左から順番に、絵の言葉の音を入れたとき「ま」の来る場所に○を、「し」の来る場所に△を書いてください。例えば「くま」は「ま」の音が２番目に入っていますので、四角の左から２番目のところに○を書きます。このようにやってください。

〈時 間〉　40秒

〈解 答〉　下図参照

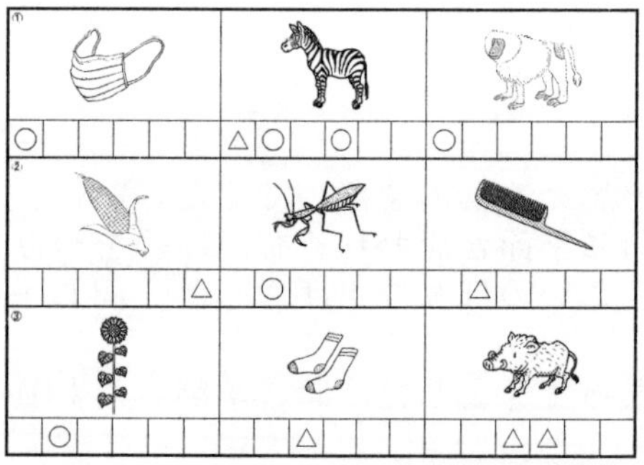

［2022年度出題］

家庭学習のコツ③　効果的な学習方法～問題集を通読する

過去問題集を始めるにあたり、いきなり問題に取り組んではいませんか？　それでは本書を有効活用しているとは言えません。まず、保護者の方が、すべてを一通り読み、当校の傾向、ポイント、問題のアドバイスを頭に入れてください。そうすることにより、保護者の方の指導力がアップします。また、日常生活のさまざまなことから、保護者の方自身が「作問」することができるようになっていきます。

アドバイス

この問題は、説明をしっかりと聞いていなければ、指示が出ているため解答記号などを間違えてしまいます。そのようなことを避けるためにも、最後まで説明をしっかり聞いてきちんと対応しましょう。また、音の位置を問われていることから、条件しりとりの問題を解く際に求められる知識と同じ力を必要とします。試験の対策は、出題されている問題、そのものを学習することも大切ですが、この問題と条件しりとりが似た要素を有することから、同じ学習でアレンジとして扱うことができます。こうした知恵を活用することで、楽に、多くの学習を行うことができます。問題についてですが、指定された音が何番目に来るのかを問われ、その場所に記号を書いていく問題です。名前が分からなければ図鑑などで調べてから問題にあたるようにしましょう。図鑑などで調べると、ほかのことも知識として入ります。各記号を間違えないようにしましょう。

【おすすめ問題集】

Ｊｒ・ウォッチャー17「言葉の音遊び」

問題38　分野：見る記憶　・個別テスト

〈準備〉　(問題38－２)の絵を点線に沿って切り離しておく。
(38－３)にヨットと救急車を(38－１)と同じ場所に置き、(38－１)を20秒間見せる。裏返しにして、(38－２)のカードと、(38－２)の２枚のカードを置いた(38－３)を出す。

〈問題〉　この絵(38－１の絵)をよく見て覚えてください。
では今見た絵と同じようにこのカード(38－２で切り離したカード)をここ(38－３の絵)に置いてください。

〈時間〉　30秒

〈解答〉　38－1のイラストと同じ

[2022年度出題]

アドバイス

このように順序良く並んでいる記憶は、目に焼き付けるか、軽快なテンポのように頭文字だけで記憶していく方法などがあります。どの方法を用いても構いませんが、お子さまの得意とする方法を用いることがおすすめです。この問題で２段目の自転車と自動車のどちらも『じ』で始まっているので記憶した時に間違わないようにすることです。具体物を置き数秒間見せての記憶の問題もいくらでも作問はできます。問題を解いているときのお子さまの様子はいかがでしたか。口頭試問の試験では、解答するまでの思考中の態度なども採点対象となっています。意欲、集中力、解答までに有した時間、記憶力、姿勢、などもチェックをされています。しかも、これらは一朝一夕には身に付きません。ということは修正にも時間がかかることから、早めの対策をおすすめいたします。また、こうした修正については、学習と言うよりも生活を改善する必要性もあります。席を立つときは椅子をしまう。食事の時の姿勢を気をつける。何事も意欲的に行うなど、生活の中に取り入れ、体験する回数を多くしながら、対策を図りましょう。

【おすすめ問題集】

Ｊｒ・ウォッチャー20「見る記憶・聴く記憶」

問題39　分野：推理（想像力・表現力）　・個別テスト

〈準　備〉　線に沿って切り離しておく。①②のカードと右側の２枚あるカードを１枚ずつにして２組に分けておく。

〈問　題〉　①（①のカードを出して）ドアが開いた時に、どうしてこのような顔になったと思いますか。私に話してください。
（②のカードを出して）ドアが開いた時に、どうしてこのような顔になったと思いますか。私に話してください。
②（右側の１組のカードを渡す。）この中から１枚引いてください。今見た絵はどんな絵だったのか私に話してください。
（話が終わった後に）このようなカードでしたか。（もう１組のカードから話に合っているカードを出し、引いたカードと合わせてみる。）

〈時　間〉　３分

〈解　答〉　省略

［2022年度出題］

アドバイス

この問題は個別に行われた問題です。先生と１：１で受けますので、緊張して日頃の練習通りにはいかない場合もあるでしょう。正解のない問題であるため、どのように思ったのか、自分の持っている語彙力と想像力を発揮して表現するわけです。物おじしない性格、人見知りをする性格など、お子さまによっては異なるでしょうが、自分の思ったことを一生懸命伝えることが肝心です。当たっているかどうかより、思ったこと、感じたことを考えて、伝えることに集中しましょう。話は最後の「です」「ます」「思います」というように、最後の言葉までしっかり話すようにしてください。また、コロナ禍の生活で人との関わりが希薄になっています。保護者の方からしたら当たり前のことかもしれませんが、経験の少ないお子さまからしたら、相手の感情を推し量ることは大人が想像するよりも難しいことだと思います。

【おすすめ問題集】
Ｊｒ・ウォッチャー29「行動観察」

問題40　分野：巧緻性（想像画・お話づくり）

〈準　備〉　クーピーペン（青）、画用紙

〈問　題〉　ここに描いてある形を使って絵を描いてください。描いたものが出てくるお話を考えて話してください。

〈時　間〉　４分

〈解　答〉　省略

［2022年度出題］

アドバイス

お子さまはどのような絵を描いたでしょうか。そのあとのお話について、保護者の方は納得できましたか。自由に絵を描き、その絵を基にお話作りをするのは簡単だと考えがちですが、これだけ大きな形を活用しての絵画制作は、制約が多く逆に大変なことだと思います。さまざまな形をもとに想像画を描く、話を聞いて想像画を描く、自分でストーリーを考えて想像画を描くなど、日頃このような問題の対策としてやっておくと対応に時間が掛からなくてすむでしょう。想像画の観点は想像力、創造力、描いているときの態度や姿勢、終わったときの片づけ、物の使い方、などが主な観点とされているでしょう。幅の広い想像力は読み聞かせや体験や経験などが植え付けてくれます。

【おすすめ問題集】

Ｊｒ・ウォッチャー21「お話作り」、22「想像画」

問題41　分野：巧緻性（紐結び）　・個別テスト

〈準備〉　紐５本

〈問題〉　この問題の絵はありません。
ここにある紐を結んでつないでください。

〈時間〉　２分

〈解答〉　省略

［2022年度出題］

アドバイス

紐を結ぶことが入試において、どのような意味があるのか。学力との整合性はなどと考える方もいると思いますが、このような問題は、入学後の学校生活を鑑みての出題となります。入学すると、結ぶなどの行為は日常茶飯事であり、そうした基本的なことができなければ、学校生活に支障を及ぼす恐れがあるという観点に立って、出題がなされていると思います。そのようなこともあり、他校でも蝶結びなどの「結ぶ」行為をさせる学校は多く存在します。こうした学校生活で必要とされることは、この問題だけではありません。お子さまは、入試の際、ほうきとちりとりで掃除をしてくださいと言われた時、正しくほうきを使えるでしょうか。入学したら掃除機では掃除はしません。このような事も頭の片隅においていただくことで、生活体験を通して練習することが可能です。ほとんどの学校で、紐を蝶結びができなければ固結びで、と指定されます。どちらもできるように練習をしておいてください。また、結ぶ時はなるべく結び目以外の残った紐が、長く残るように結べるとよいでしょう。

【おすすめ問題集】

実践 ゆびさきトレーニング①②③、Ｊｒ・ウォッチャー25「生活巧緻性」

問題42　分野：常識（生活）　・個別テスト

〈準備〉　ランチョンマット、ごはん茶碗、みそ汁わん、箸、お皿

〈問題〉　この問題の絵はありません。
ここにあるものをご飯を食べられるように並べて用意してください。

〈時間〉　各30秒

〈解答〉　下図参照

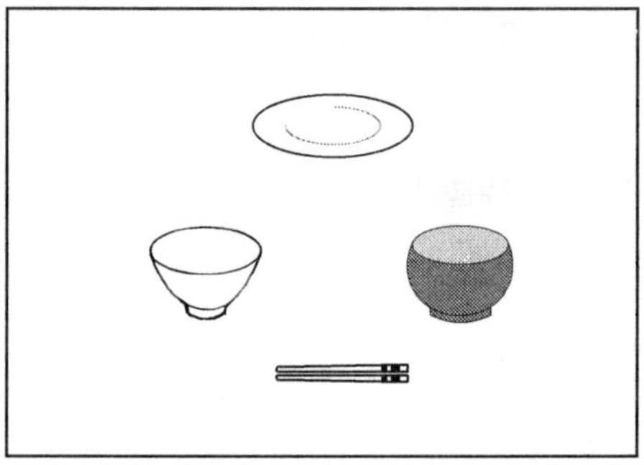

［2022年度出題］

アドバイス

普段の手伝いの中に配膳が入っていれば、難なくできるでしょう。一番頭を悩めるのは、ご飯茶碗とみそ汁わんの位置関係でしょう。普段からこの位置関係をきちんとしていれば、迷うことなく配膳ができると思います。口頭試問の難しいところは、たまたま正解していたとしても、先生は、過程も観ていますから、偶然の正解か否かは直ぐに分かります。ですから、結果を意識した学習ではなく、プロセスも意識をした取り組みをしなければ試験対策とは言えません。この他にホークやナイフ、スプーンなどを使った食事の用意も指導の対象に入れておかれることをお勧めいたします。お子さまのできること、できそうなことへの挑戦はぜひやらせてください。何よりの受験勉強になります。

【おすすめ問題集】
Ｊｒ・ウォッチャー56「マナーとルール」

問題43　分野：巧緻性（箸つかみ）　・個別テスト

〈準備〉　箸、入れ物、皿、スポンジの積み木10個
スポンジの積み木を入れ物に入れておく。

〈問題〉　この問題の絵はありません。
ここにあるものを箸でこちらの皿にいれてください。

〈時間〉　１分

〈解答〉　省略

［2022年度出題］

アドバイス

箸の持ち方、取り組む姿勢、箸の使い方、物を移し替える距離の長短などによって速さや失敗の有無などが観えてきます。今回はスポンジですから掴みやすいと思いますが、これが大豆を使用したとしたら、お子さまは上手くつまめたでしょうか。箸つかみは、いくつ移したからよいというものだけではありません。数もさることながら、きちんとつまめていたかも観ています。よく、箸の上に乗せて移動させる人がいますが、それはつまんだとはいいません。そのような場合、チェックが入っていることを忘れないでください。また、箸の正しい持ち方は筆記具の正しい持ち方とイコールです。箸やフォーク、ナイフなどの持ち方は、成人した時、話し方と同じでその人の品格が現れます。

【おすすめ問題集】
Ｊｒ・ウォッチャー56「マナーとルール」

問題44　分野：行動観察（集団）

〈準 備〉　フープ６個並べて置く、軽快な音楽

〈問 題〉　この問題の絵はありません。
①このフープの中に背の高い順番に入ってください。
②音楽に合わせてお手本のとおり踊ってください。今度は、みんなで話し合ってお手本となって踊る人を決めてください。その人の真似をして踊りましょう。

〈時 間〉　５分

〈解 答〉　省略

［2022年度出題］

アドバイス

６人ほどの集団による行動が観られます。②のリーダーを決めるときの話し合いではどのようにしたらよいのか、お子さまに聞いてみてください。それが実行できるかどうか、もし、言ったことができないときはどうしたらよいのかなど、保護者の方の考えを教えるのではなく、お子さまに考える機会を与えてください。その時に大切なことは何か。大きなくくりとしてのポイントを挙げさせ、それをするにはどうしたらよいかという、段階を踏んだ話し合いをすることをおすすめいたします。この話し合いの方法は、実際の試験の時にも役立ちます。こうした会話を繰り返すことで、面接の練習にもつながっていきます。自分の意見、考えを相手に伝えるにはどうしたらよいのか。自然と身に付いてくるでしょう。また、何か行動を起こしたとき、それもお子さまに評価を出してもらい、次にどうすればよいのか話し合って言動に移していくことです。きっと目に見えて伸びるでしょう。

【おすすめ問題集】
Ｊｒ・ウォッチャー29「行動観察」

問題45　分野：保護者・志願者面接

〈準備〉　なし

〈問題〉　この問題の絵はありません。

〈志願者へ〉
・お名前を教えてください。
・通っている幼稚園、（保育園）の名前、担任の先生の名前を教えてください。
・担任の先生はどんな先生ですか。
・休みの日は何をしていますか。
・園では仲よく遊ぶための決まりごとがあったら教えてください。
・どのようなお手伝いをしていますか。
・小学校に入ったらどのようなことをしてみたいですか。
・家族での思い出はどんなことですか。
・お休みはお父さんと、どのようにして過ごしていますか。

〈父親へ〉
・志望理由をお聞かせください。
・カトリック教育についての考えを聞かせてください。
・今のお子さまの回答をお聞きになりどのように思われましたか。（母親へも質問あり）
・当校に通わせたいと思われたのはどんなことからそのように思われましたか。
・男性からご覧になって本校のイメージをお聞かせください。

〈母親へ〉
・幼稚園で言われているお子さまの評価を教えてください。
・お子さまは本校へ来たことはありますか。
・お子さまのよいところを教えてください。
・トラブルがあり、お子さまが泣いて帰ってきたときはどのようにされますか。
・女の子らしさについて、お子さまへどのように指導してますか。
・仕事をされていますが、サポートしてくださる方はおいでですか。

〈時間〉　10分

〈解答〉　省略

［2022年度出題］

アドバイス

面接は考査日前、指定された日時に行われます。質問内容については特に難しいものはありません。そもそも、志望する学校のことですから、学校のことについては予め調べているでしょうし、家庭のことについても保護者間で話していれば、これといった対策はありません。そして、お子さまの面接は、順調にはいかないものです。そのように考えていれば、例えミスがあったとしても、うろたえることなく、落ち着いて構えていられると思います。保護者の方が落ち着いていれば、その状態はお子さまにも伝わります。その状況になれば、お子さまも落ち着いて面接に臨むことができるはずです。面接対策として事前に作ったあらすじのようなものをお子さまに覚えさせる方もいますが、「目は口程に物を言う」という言葉もある通り、目を見ればすぐにわかります。何より自分の考えを自分の言葉で堂々と話すことが大切です。親のことが気になり、いちいち親を見るようではいただけません。注意することは、話しているときの態度と言葉遣いです。

【おすすめ問題集】
面接テスト問題集、保護者のための入試面接最強マニュアル、
新 小学校受験の入試面接Q＆A

問題1－1

①

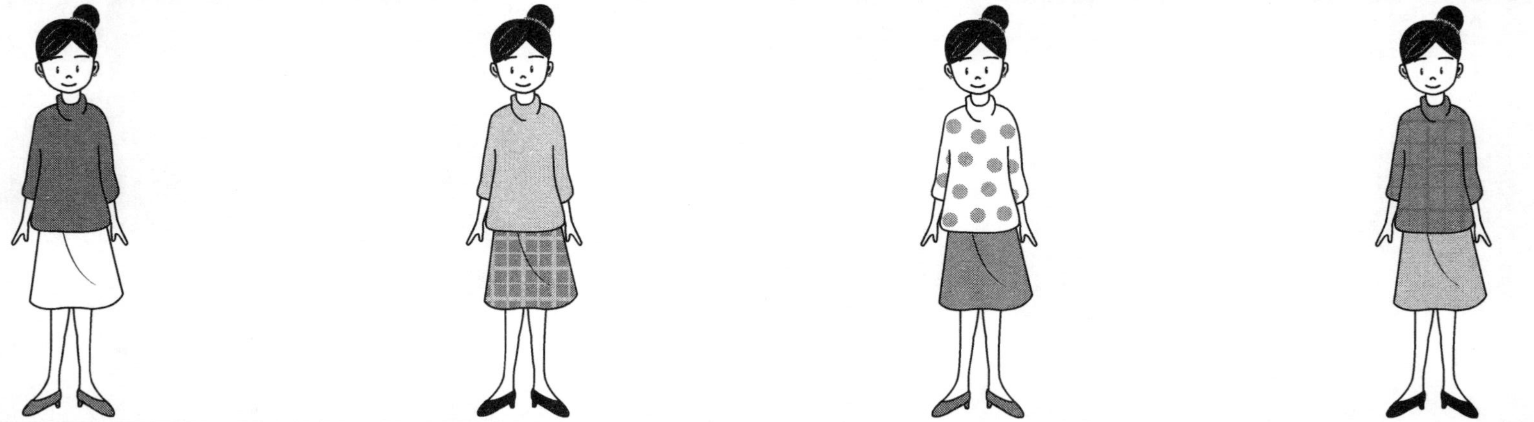

②

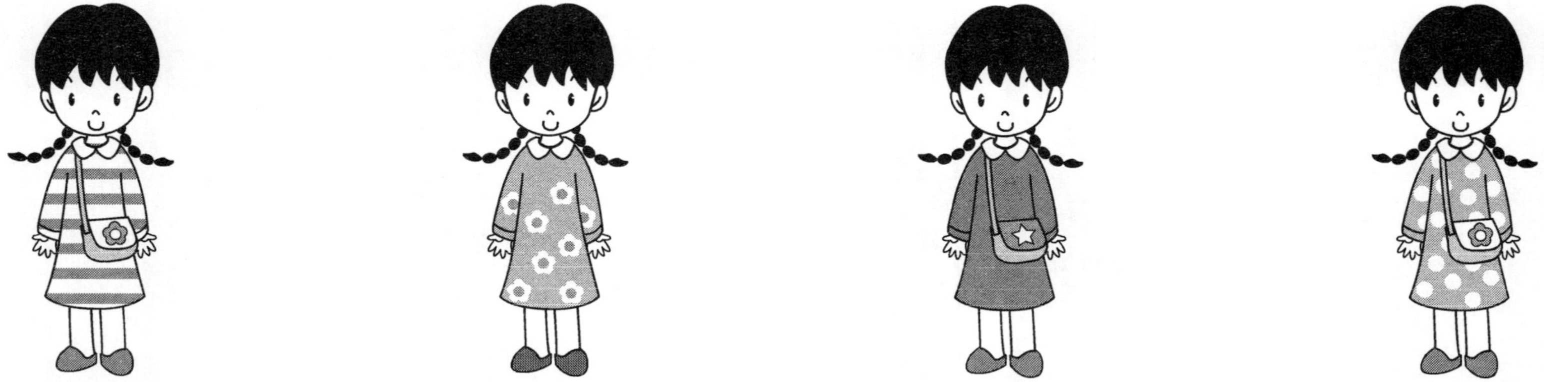

③

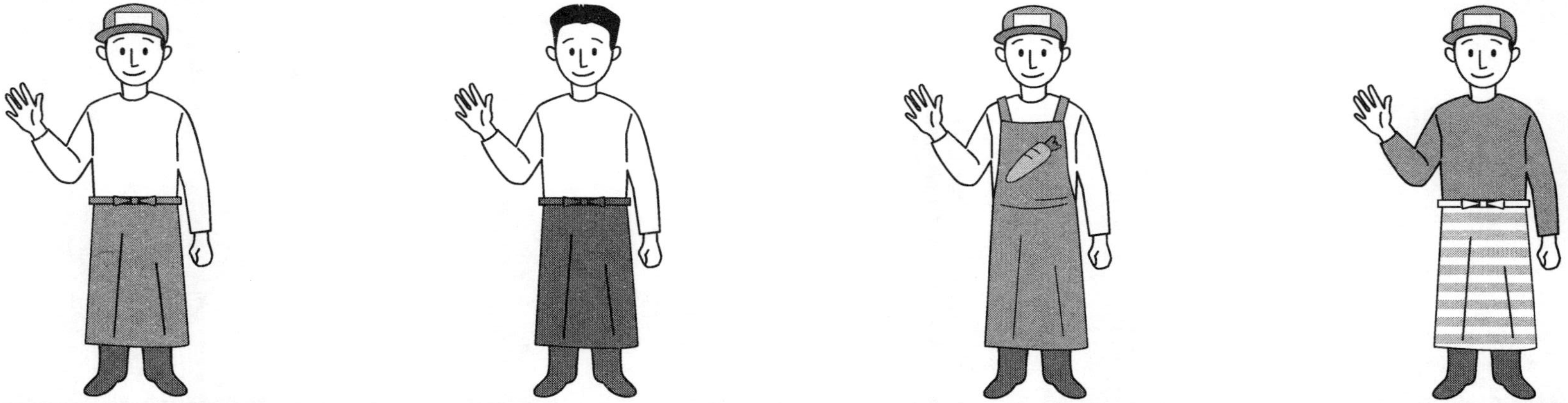

日本学習図書株式会社

問題1－2

2025 年度 白百合学園小学校 過去 無断複製／転載を禁ずる

日本学習図書株式会社

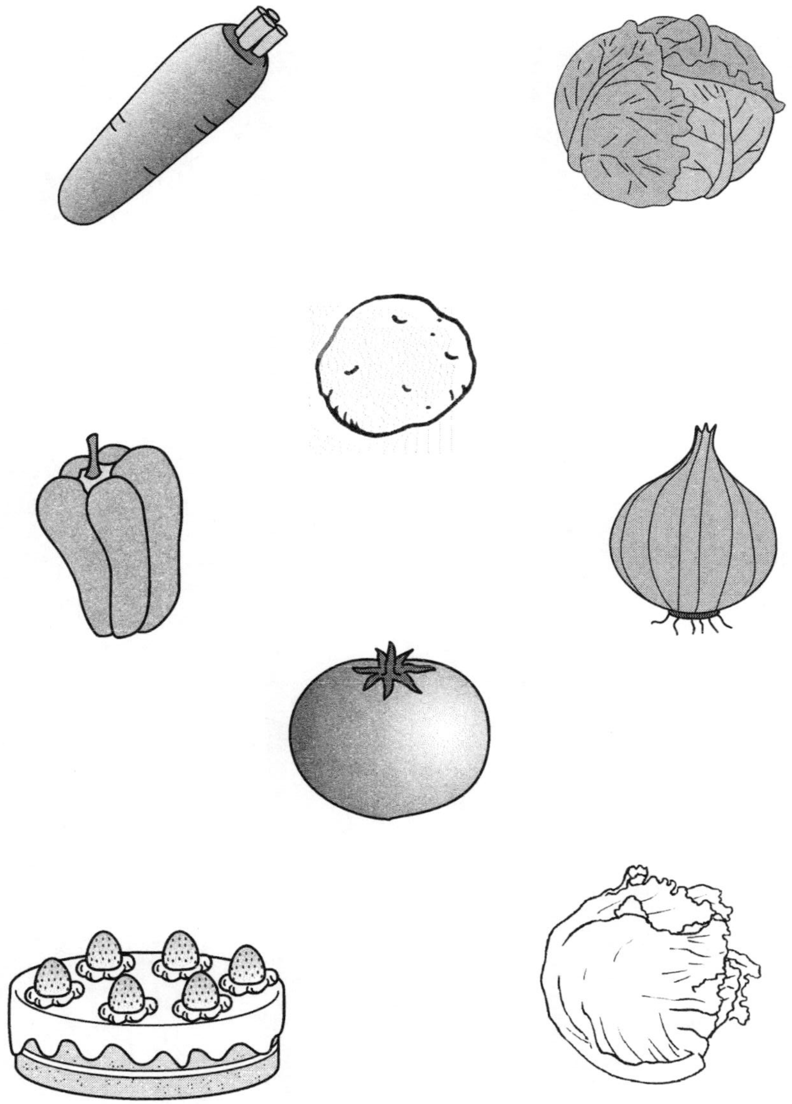

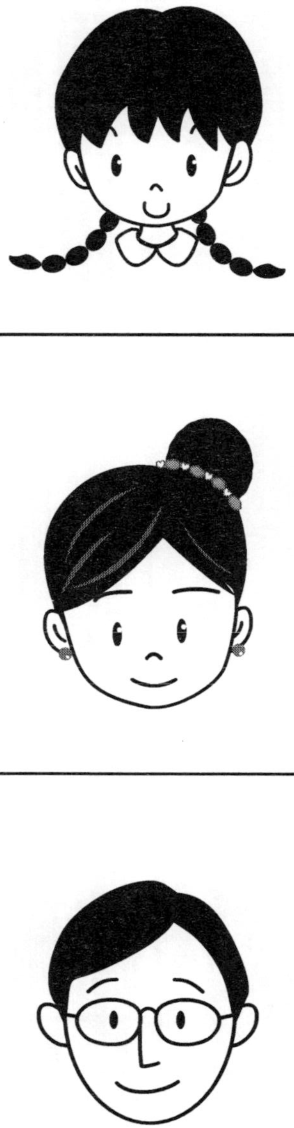

問題2－1

問題2－2

問題3

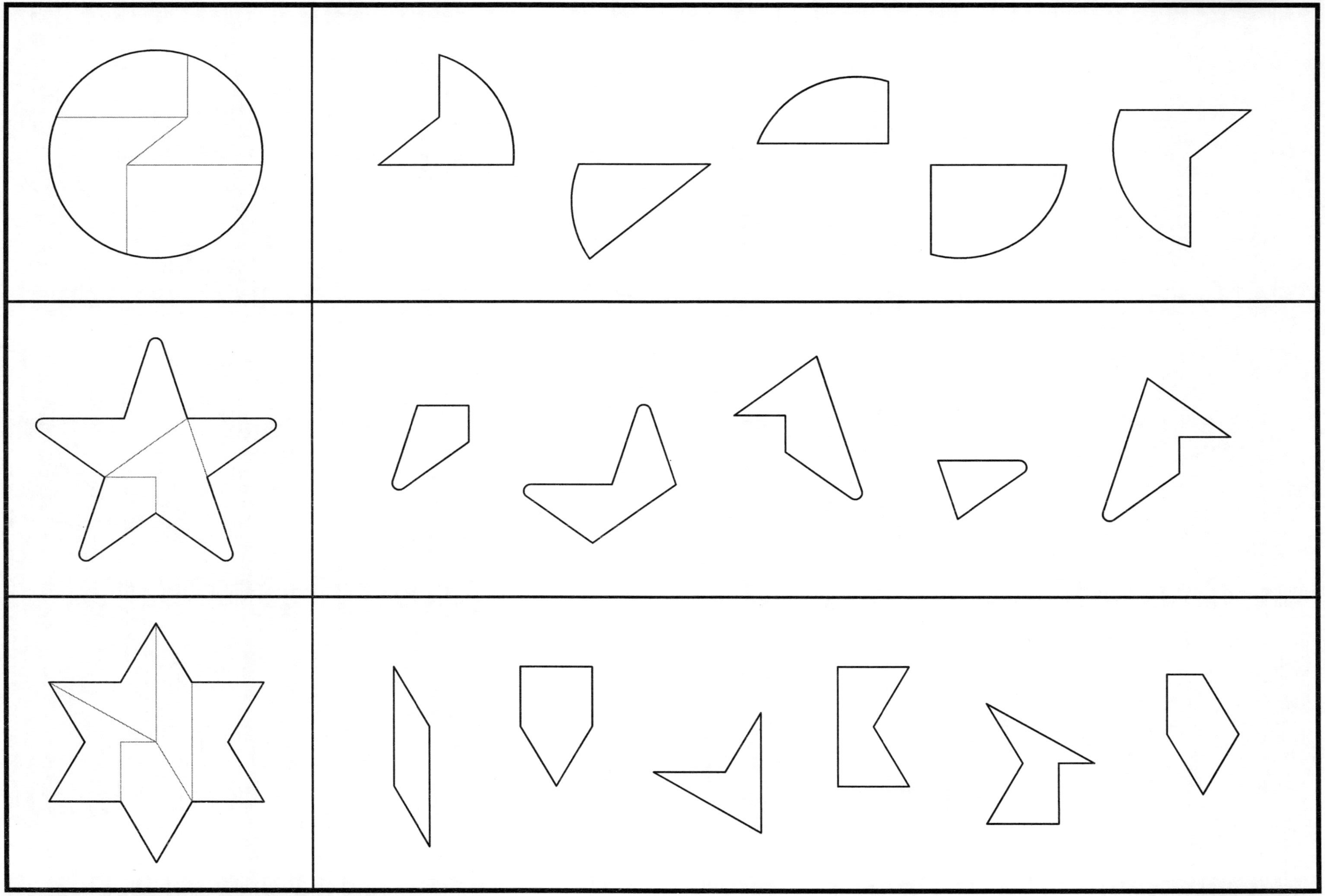

2025 年度 白百合学園小学校 過去 無断複製／転載を禁ずる

日本学習図書株式会社

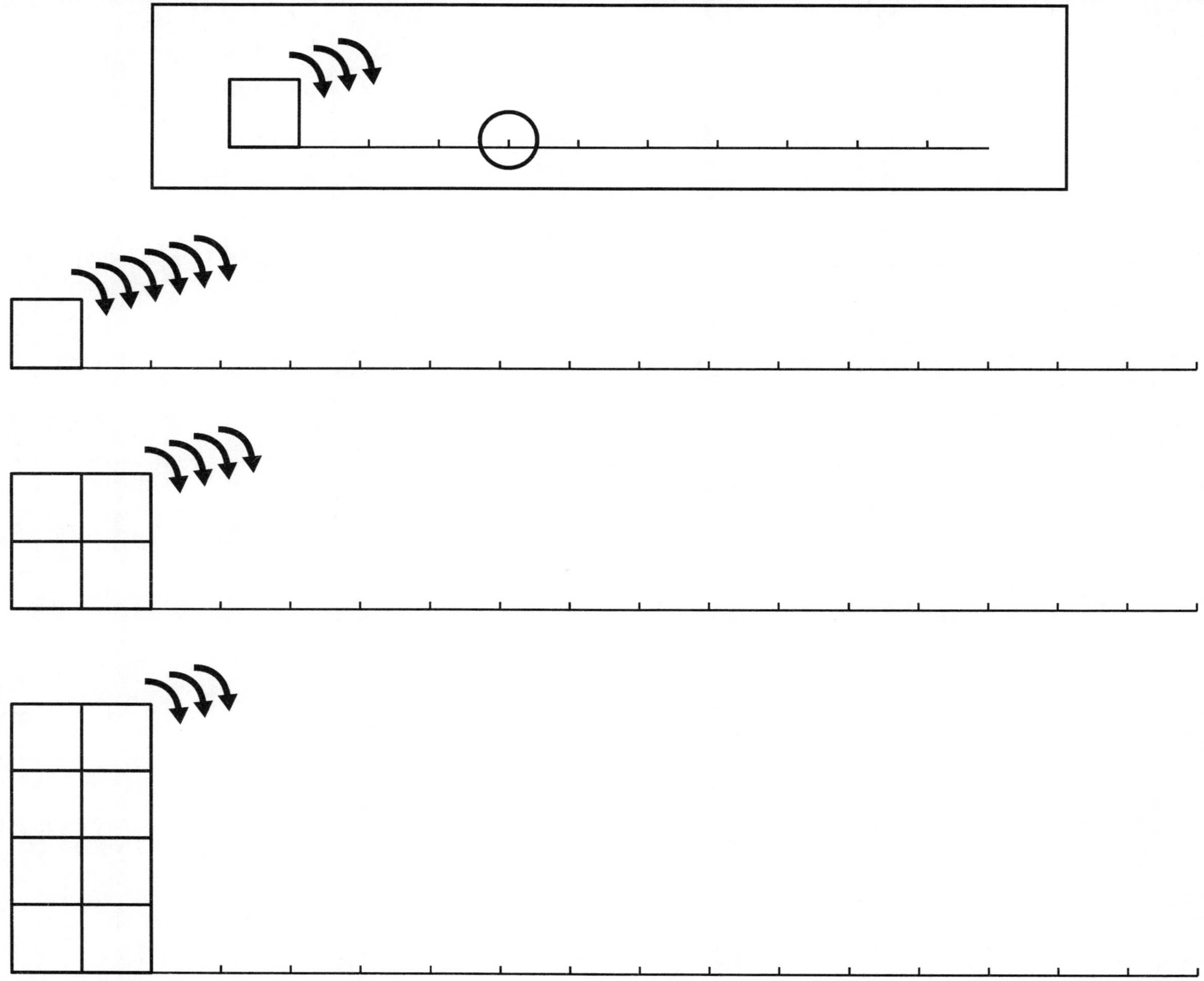

問題5

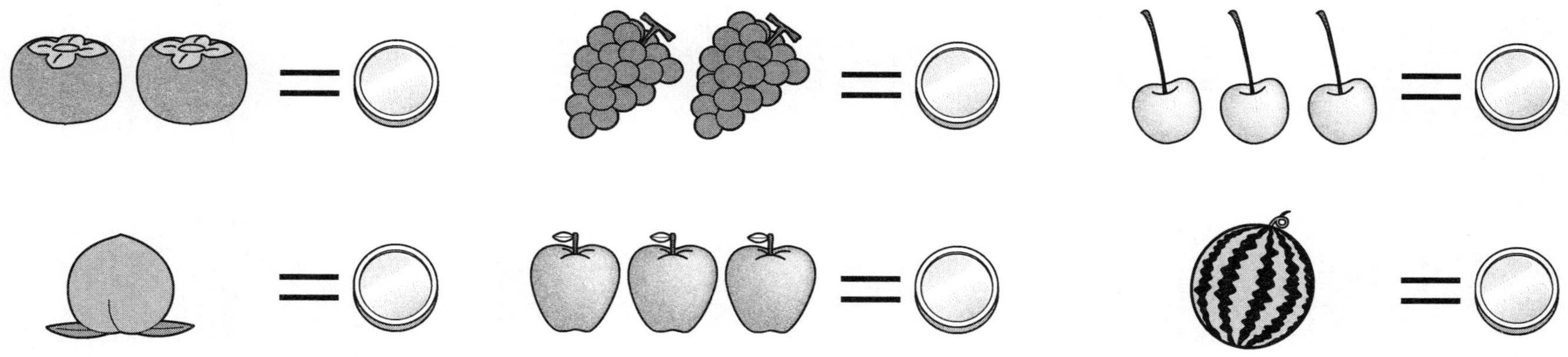

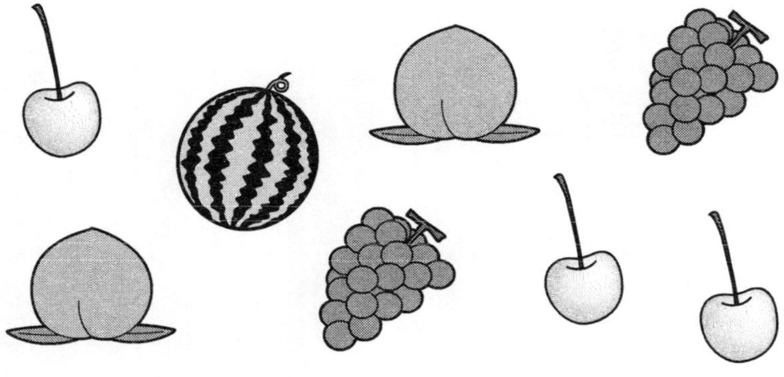

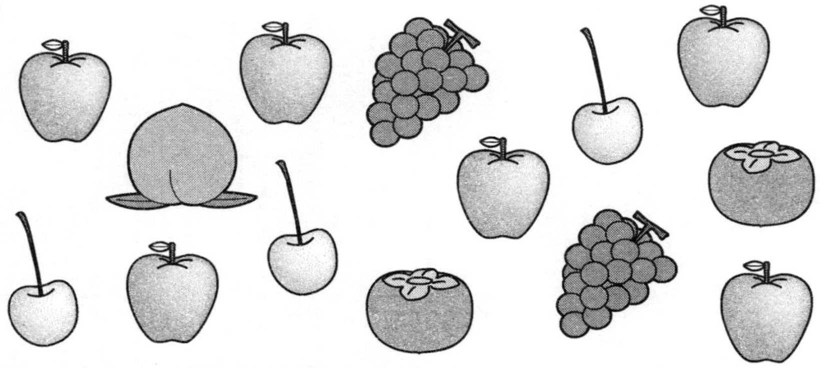

問題6－1

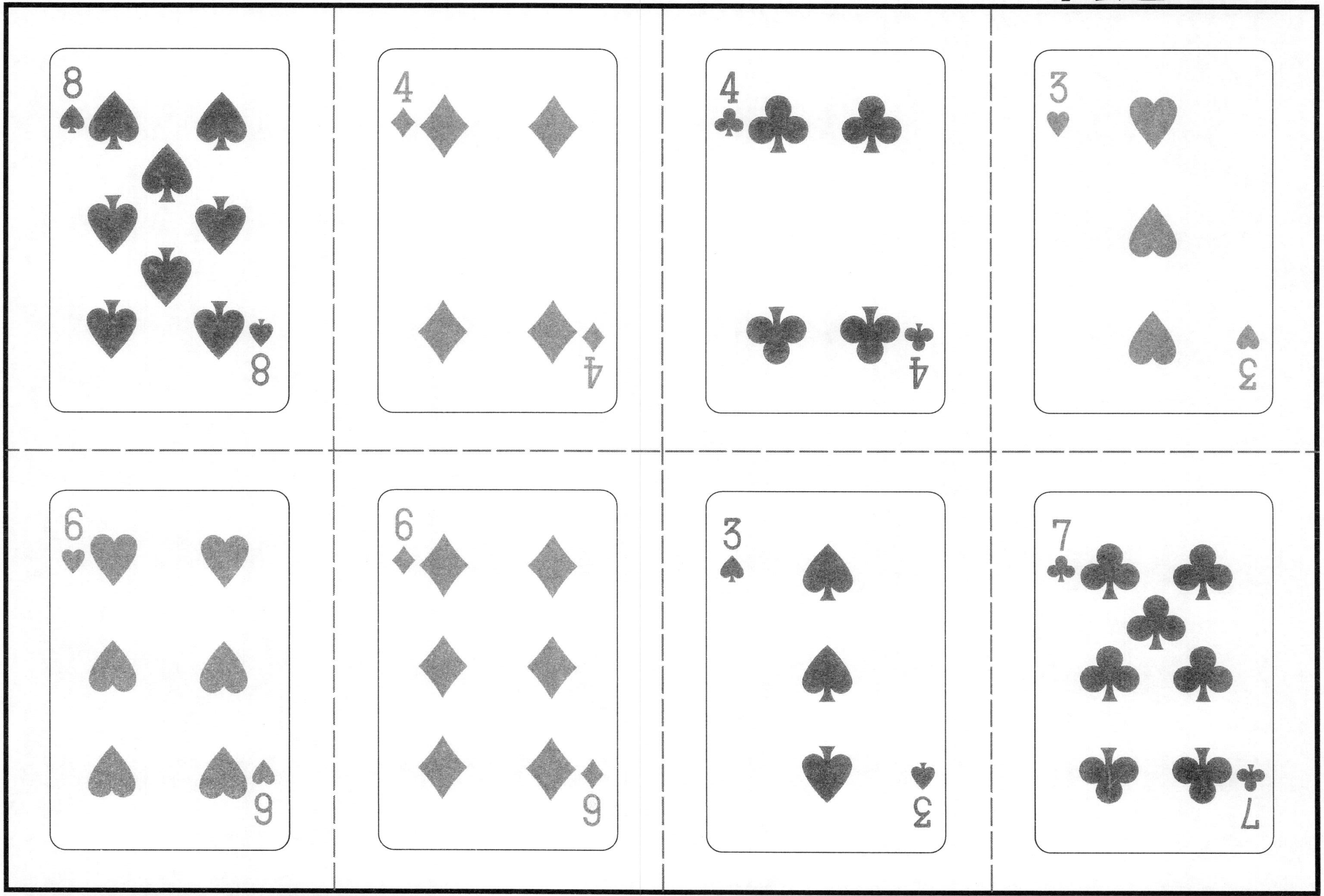

問題6－2

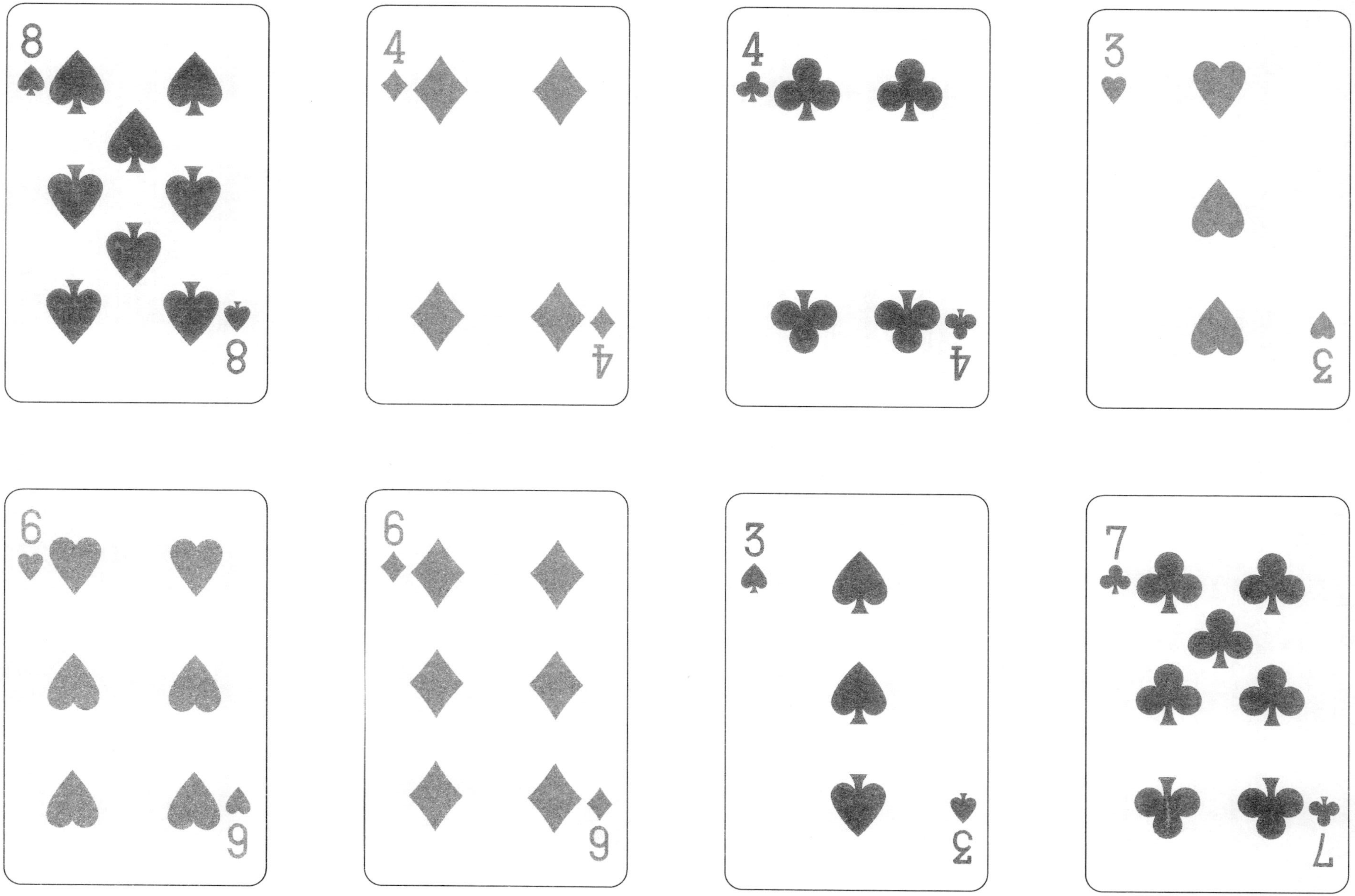

問題7

2025 年度　白百合学園小学校　過去　無断複製／転載を禁ずる　日本学習図書株式会社

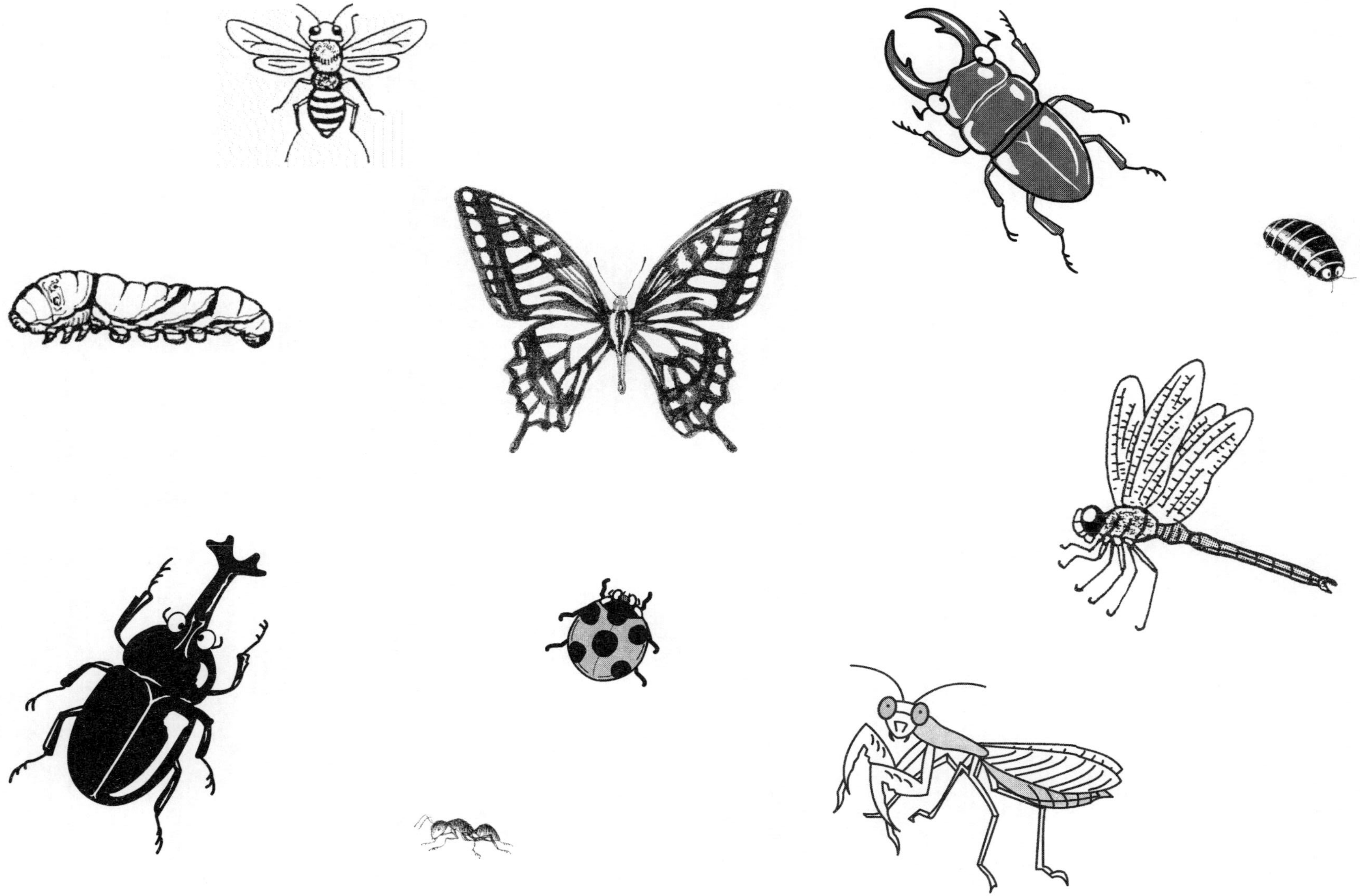

問題9

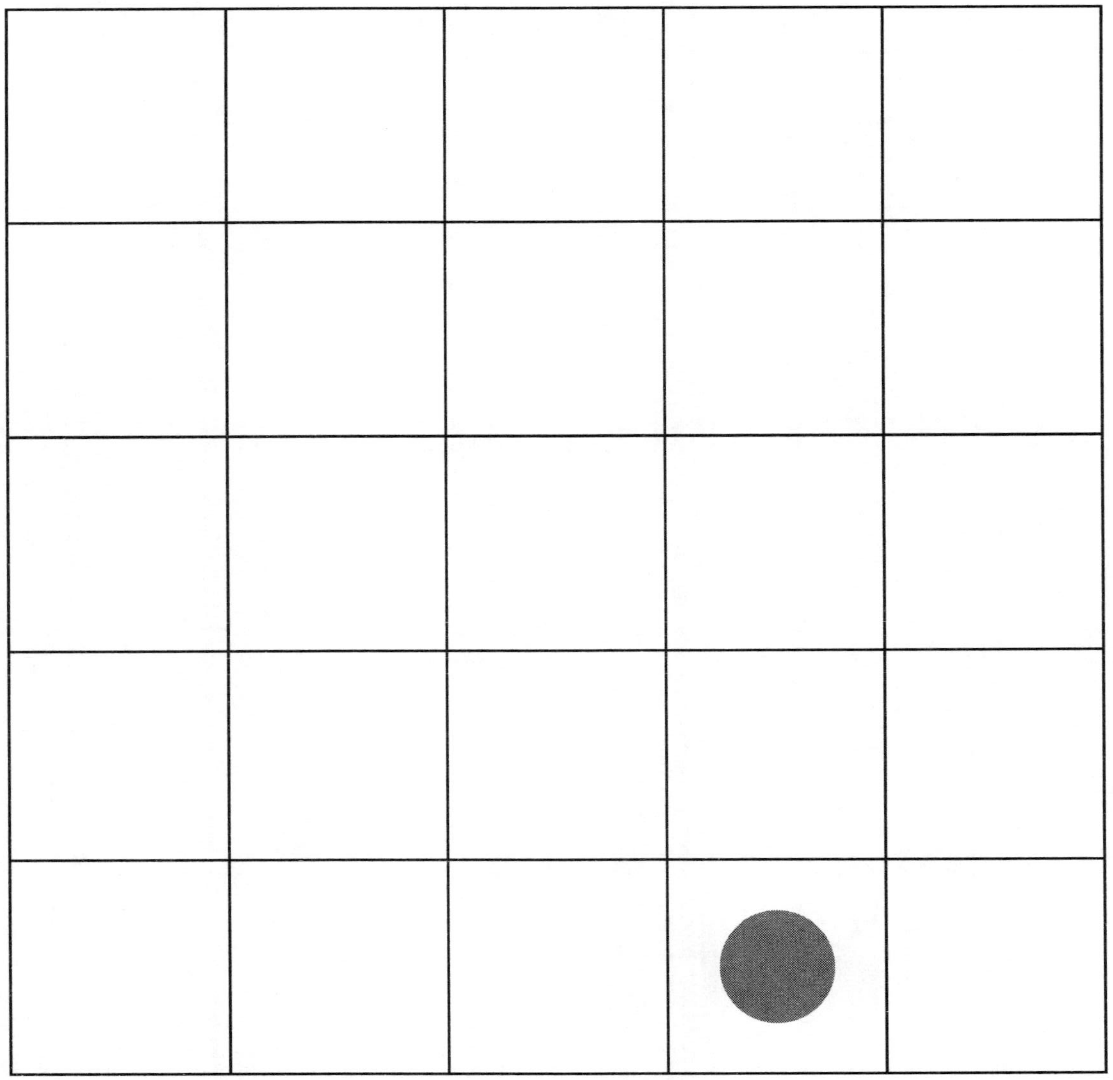

問題11－1

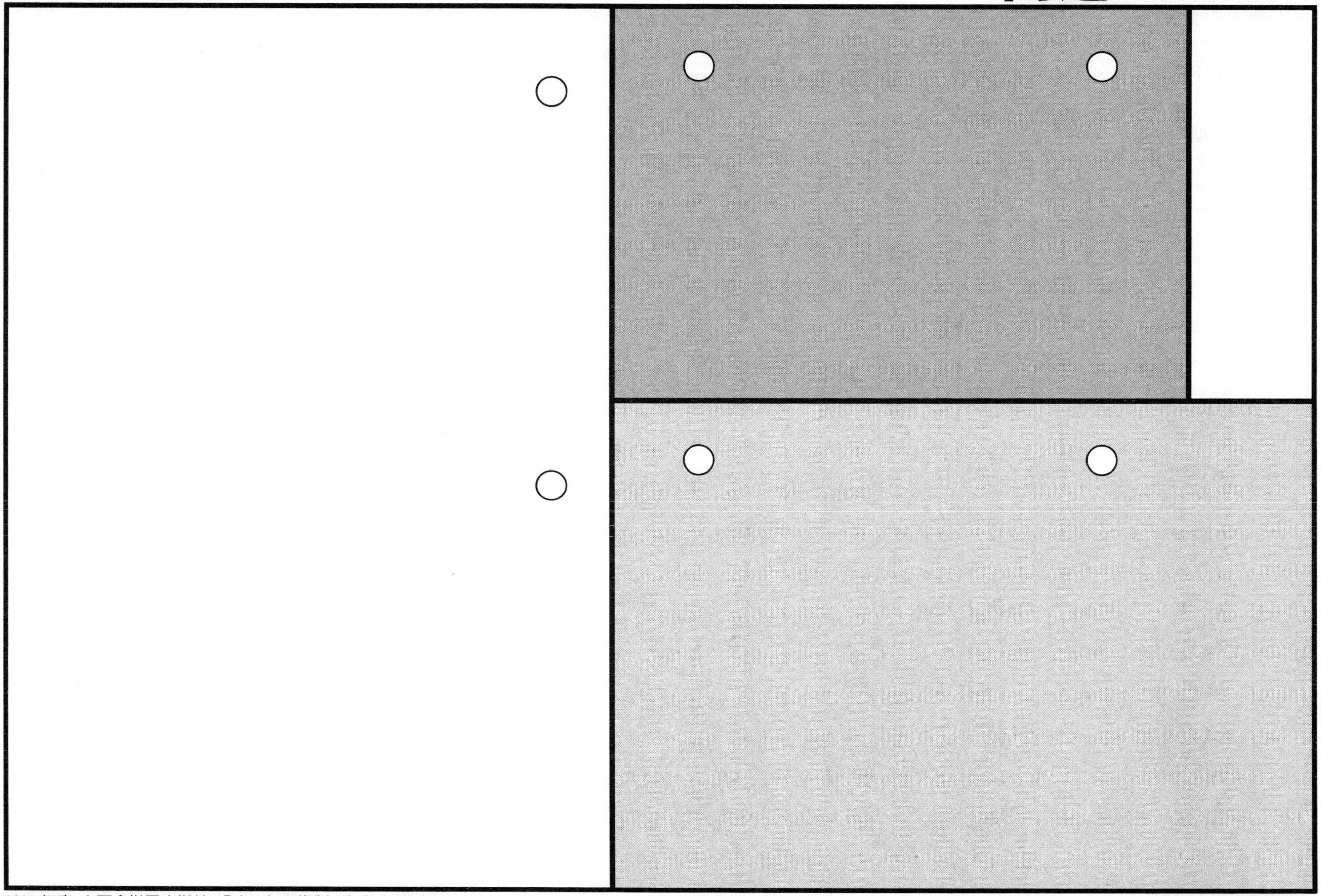

日本学習図書株式会社

問題１１－２

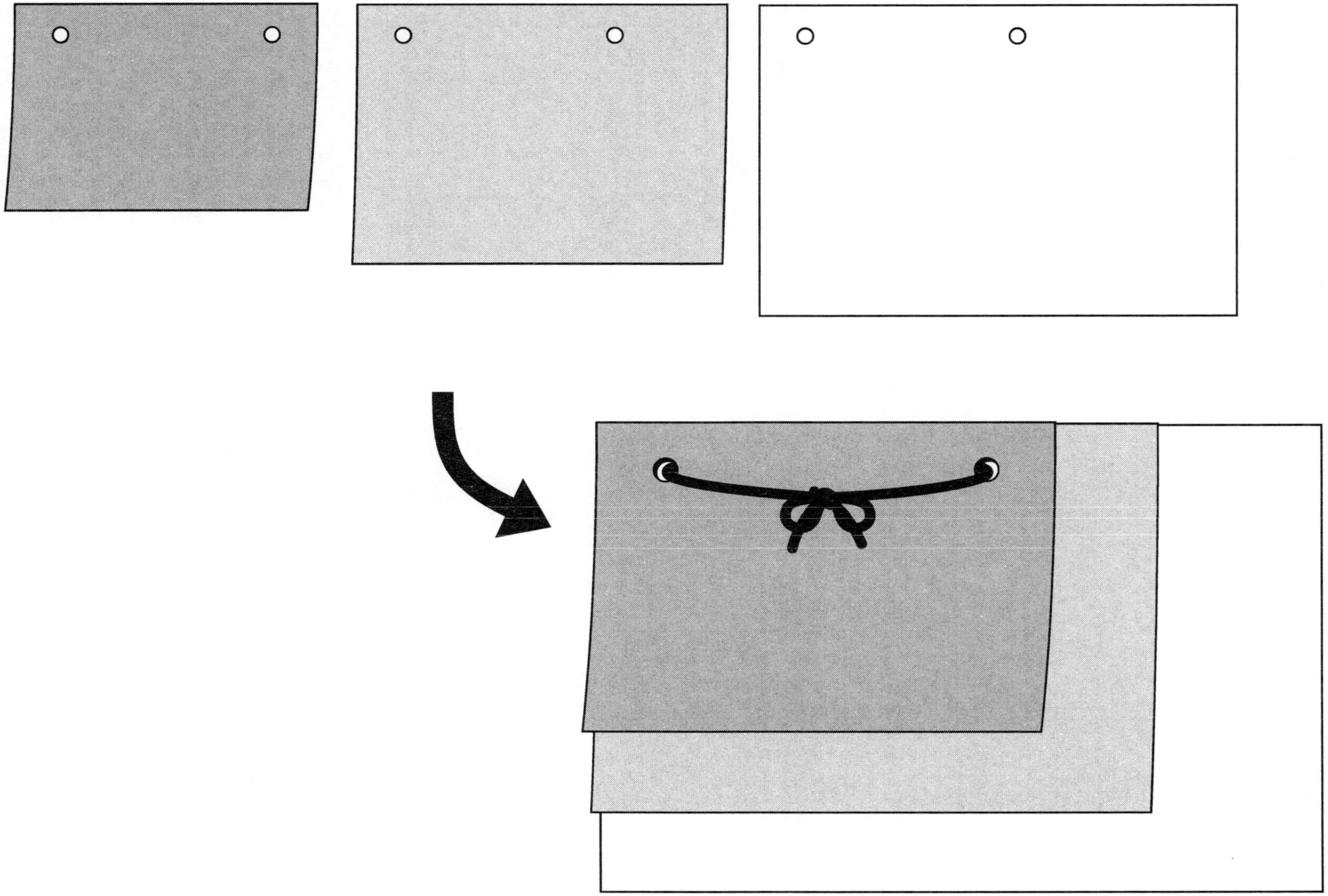

問題１４

①

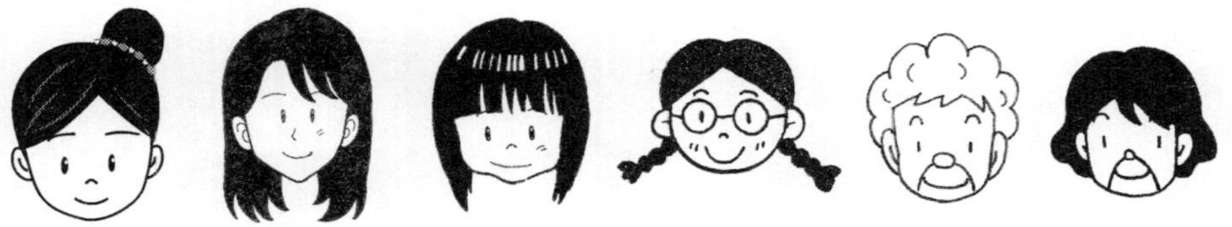

②

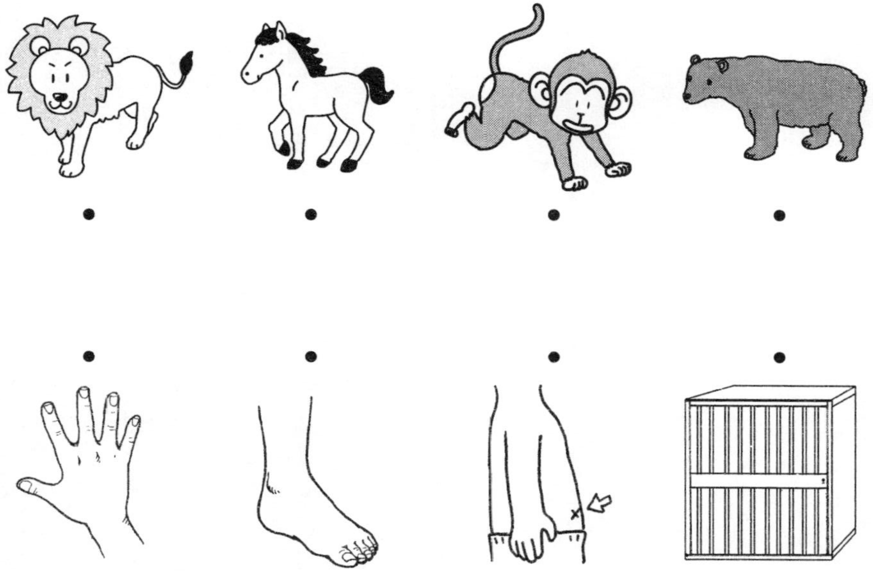

③

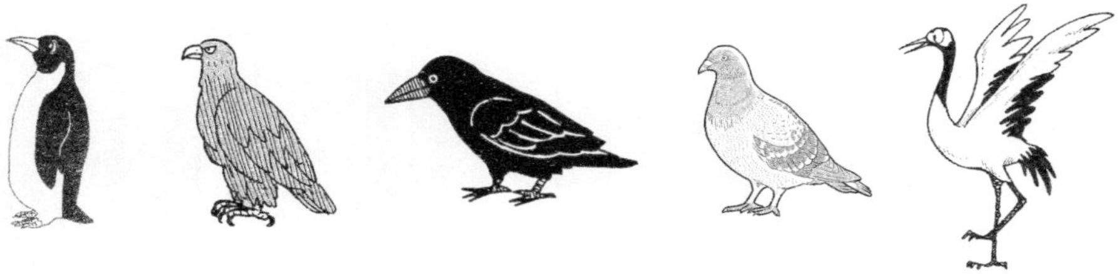

④

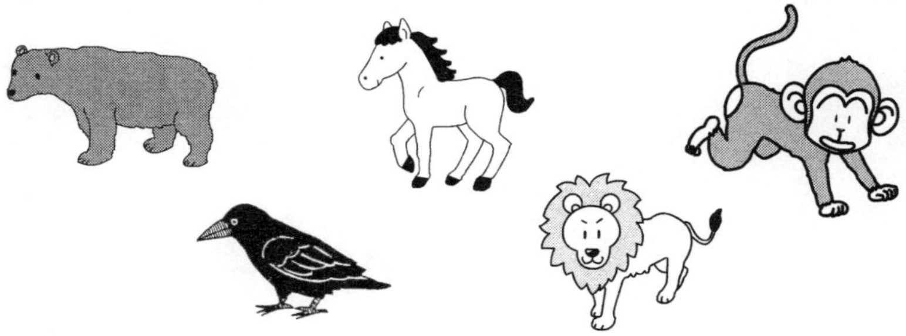

⑤

⑥

⑦

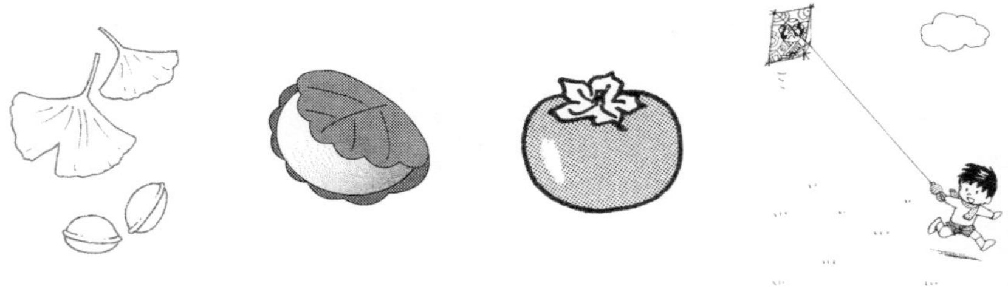

日本学習図書株式会社

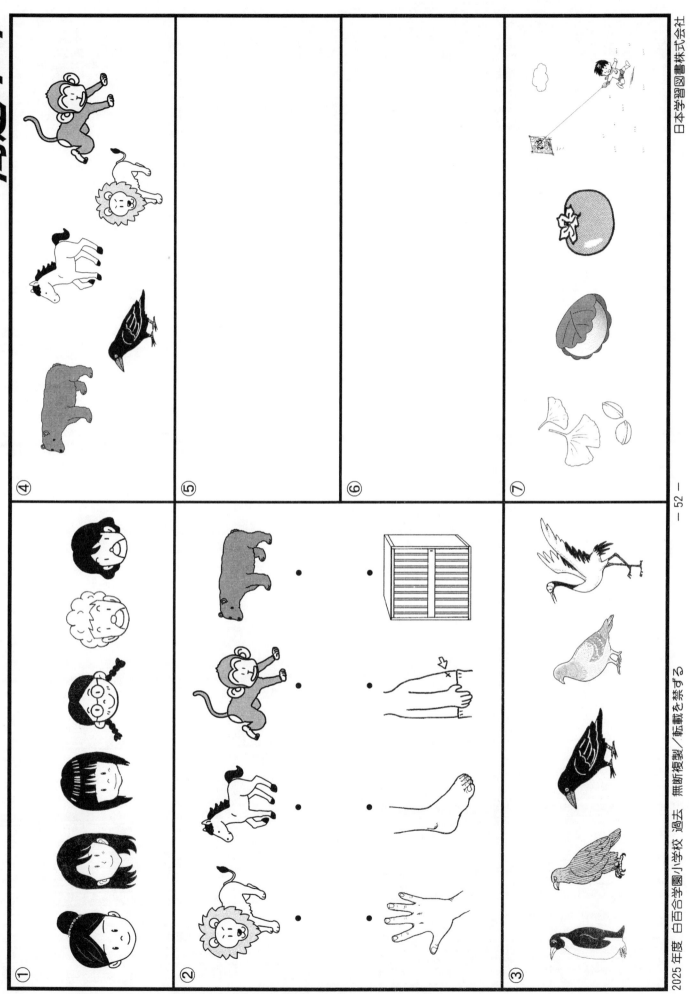

問題１５

①

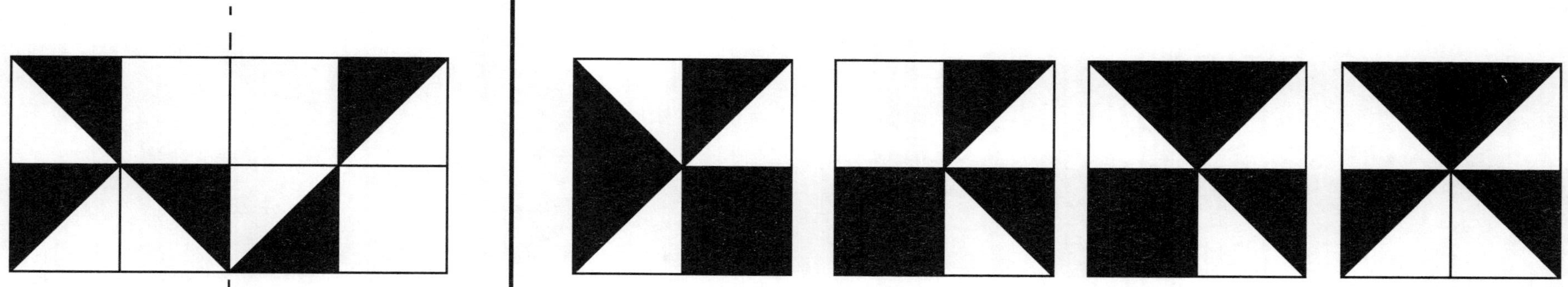

②

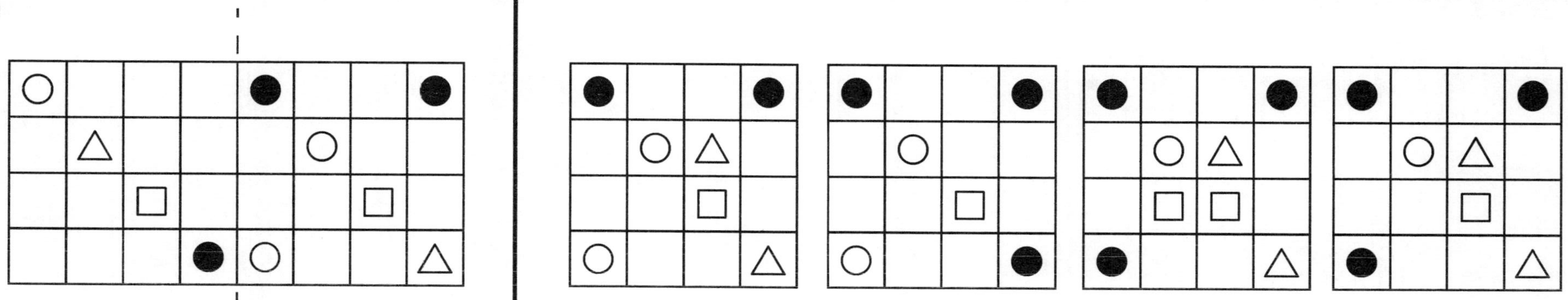

③

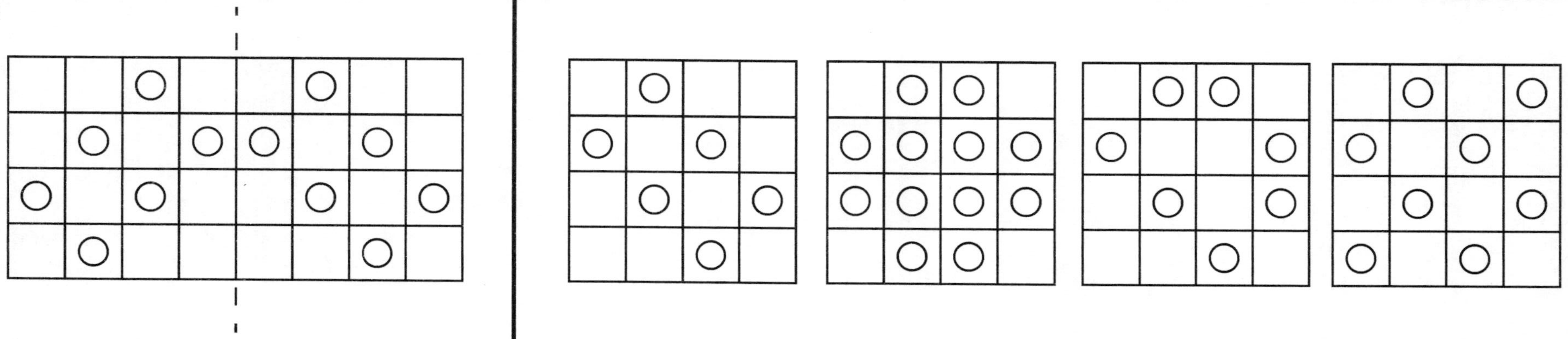

問題16

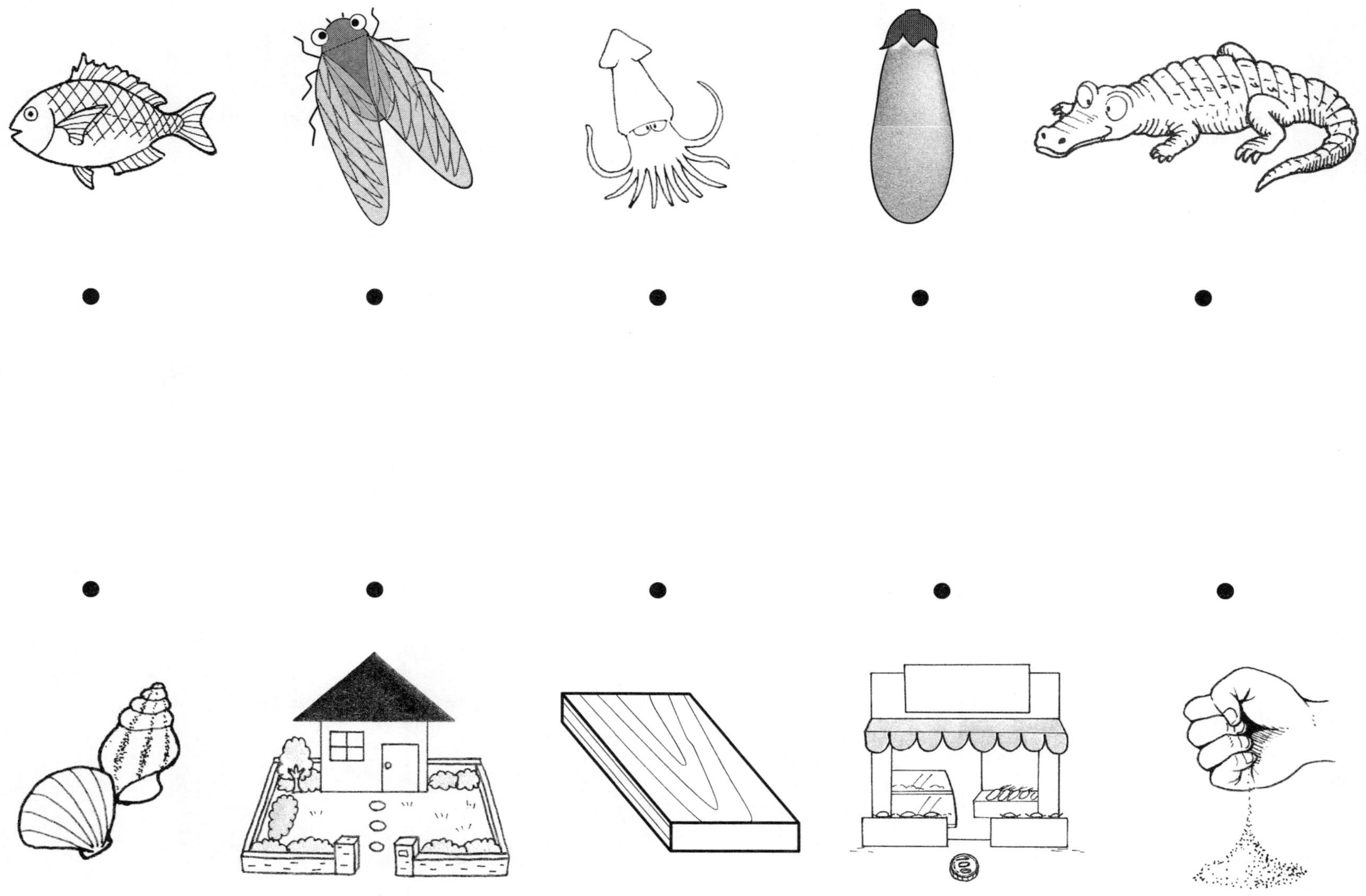

問題１７

問題 1 8

① ② ③ ④

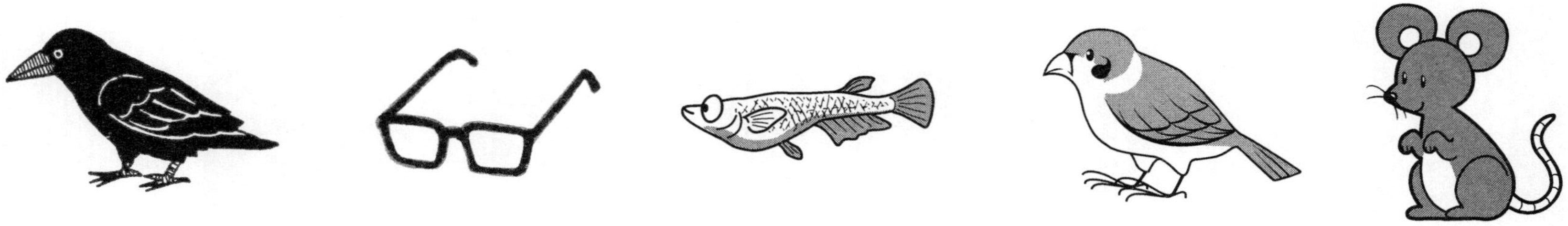

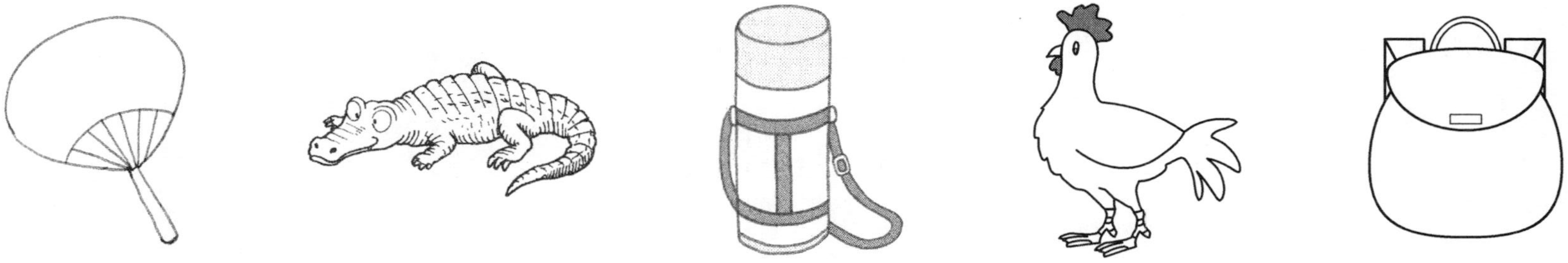

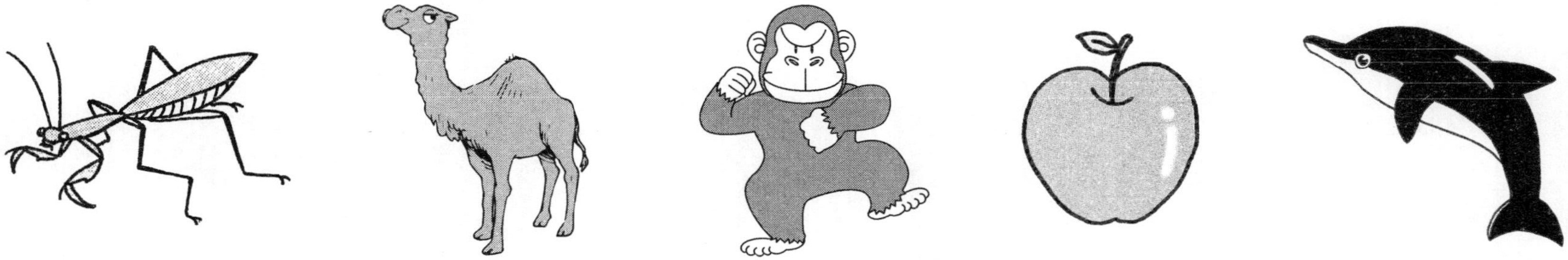

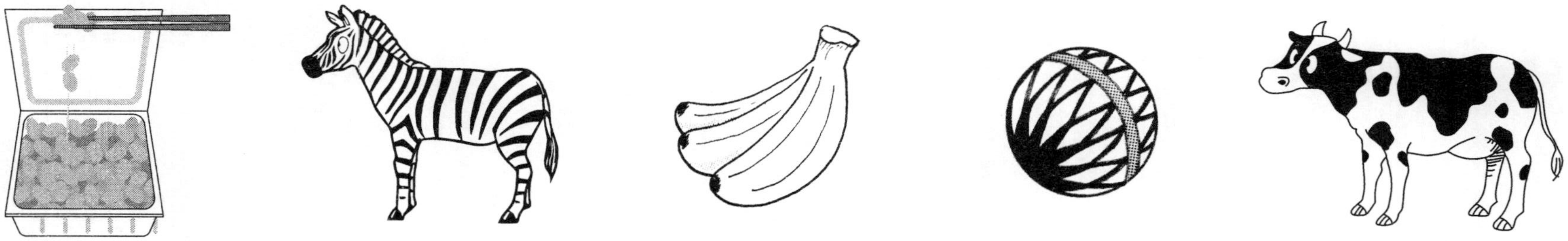

問題19－1

問題１９－２

①

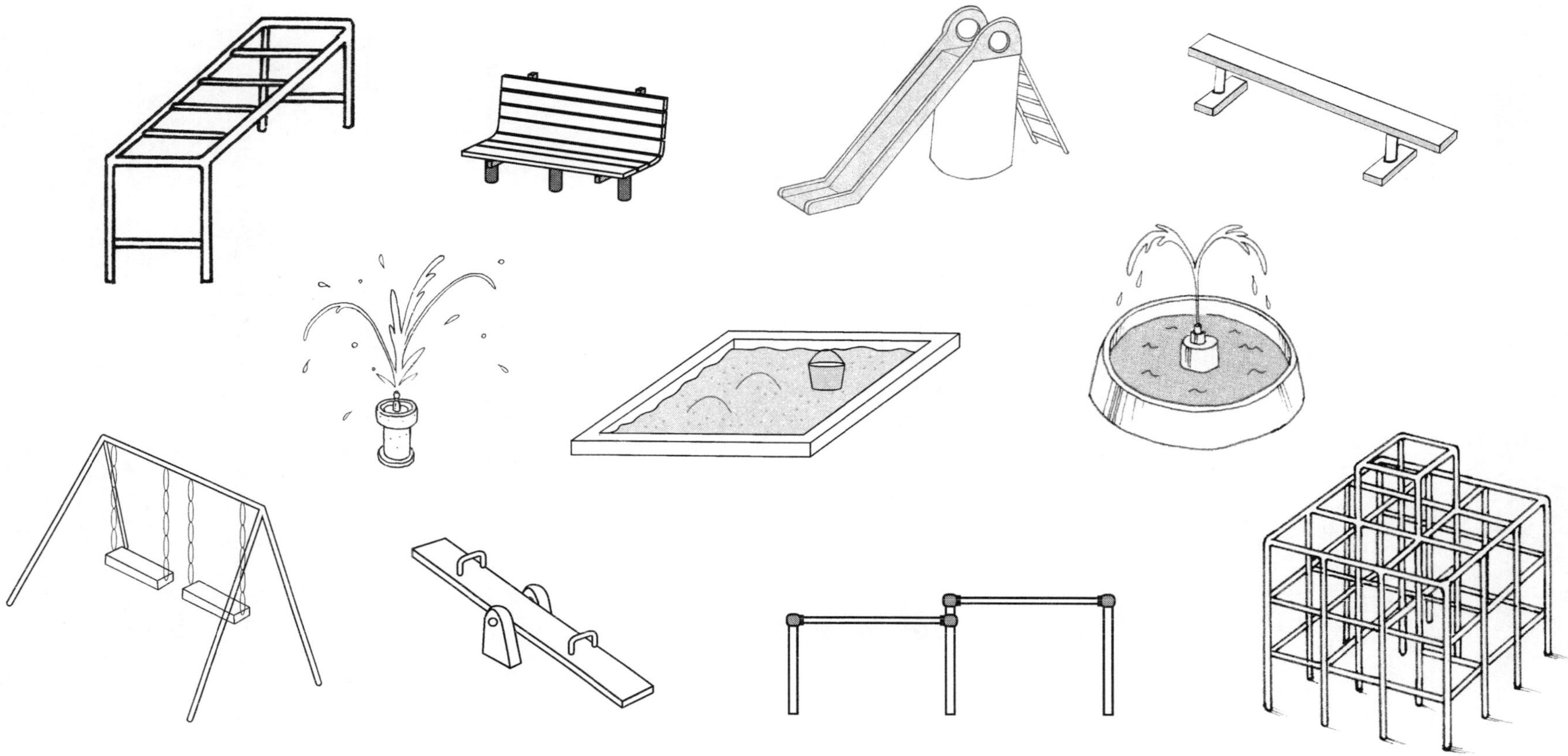

②

問題２０

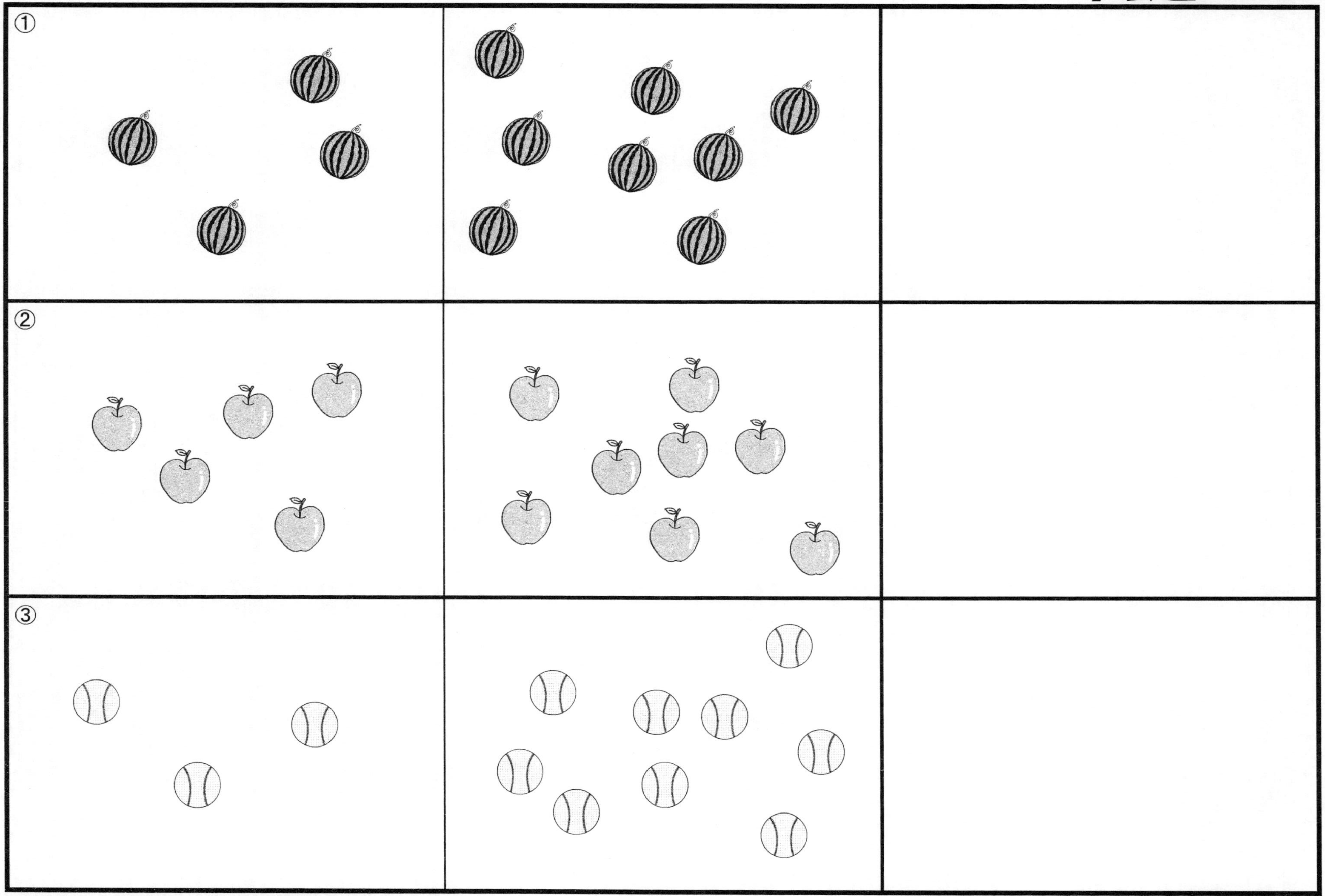

問題２１

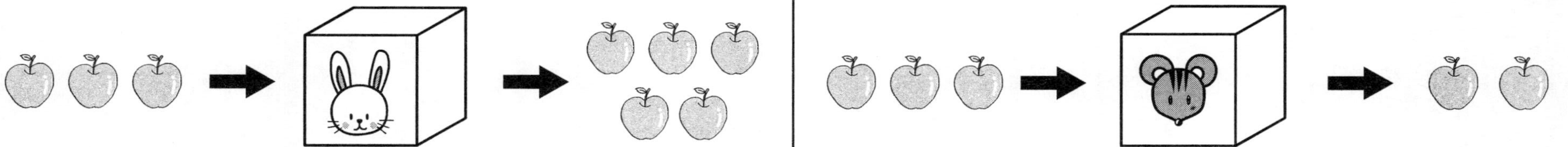

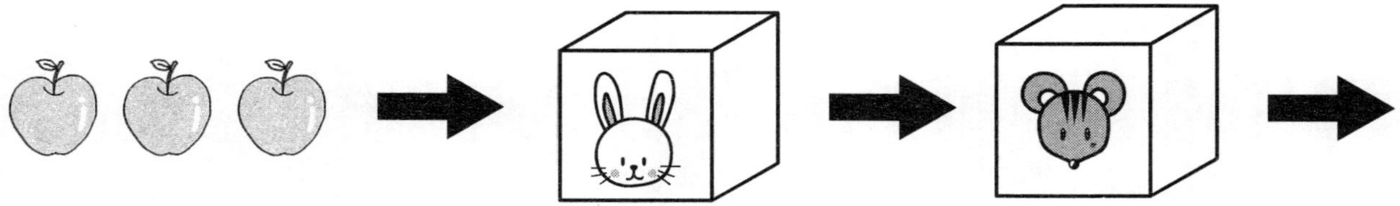

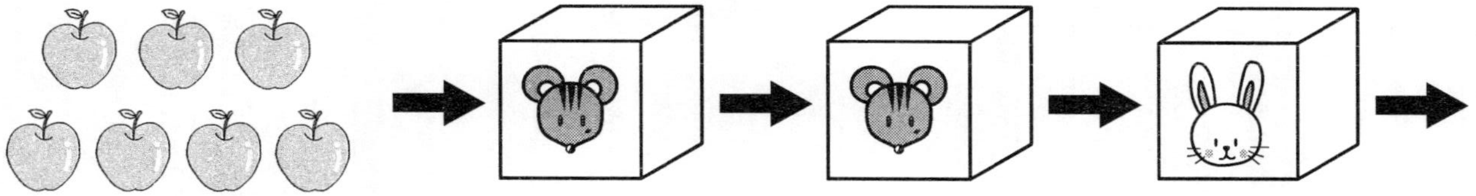

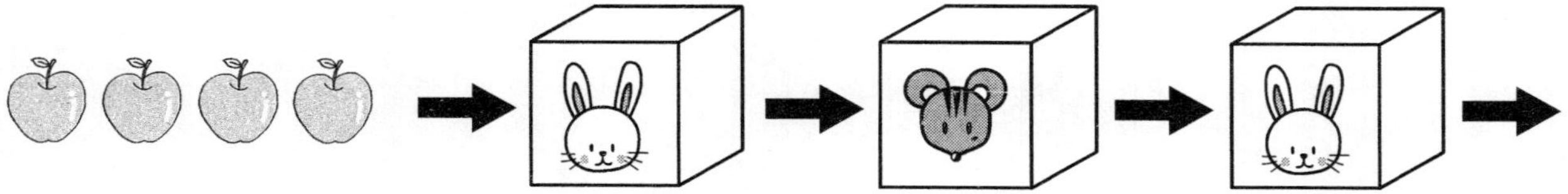

問題２２

問題２３

問題２４

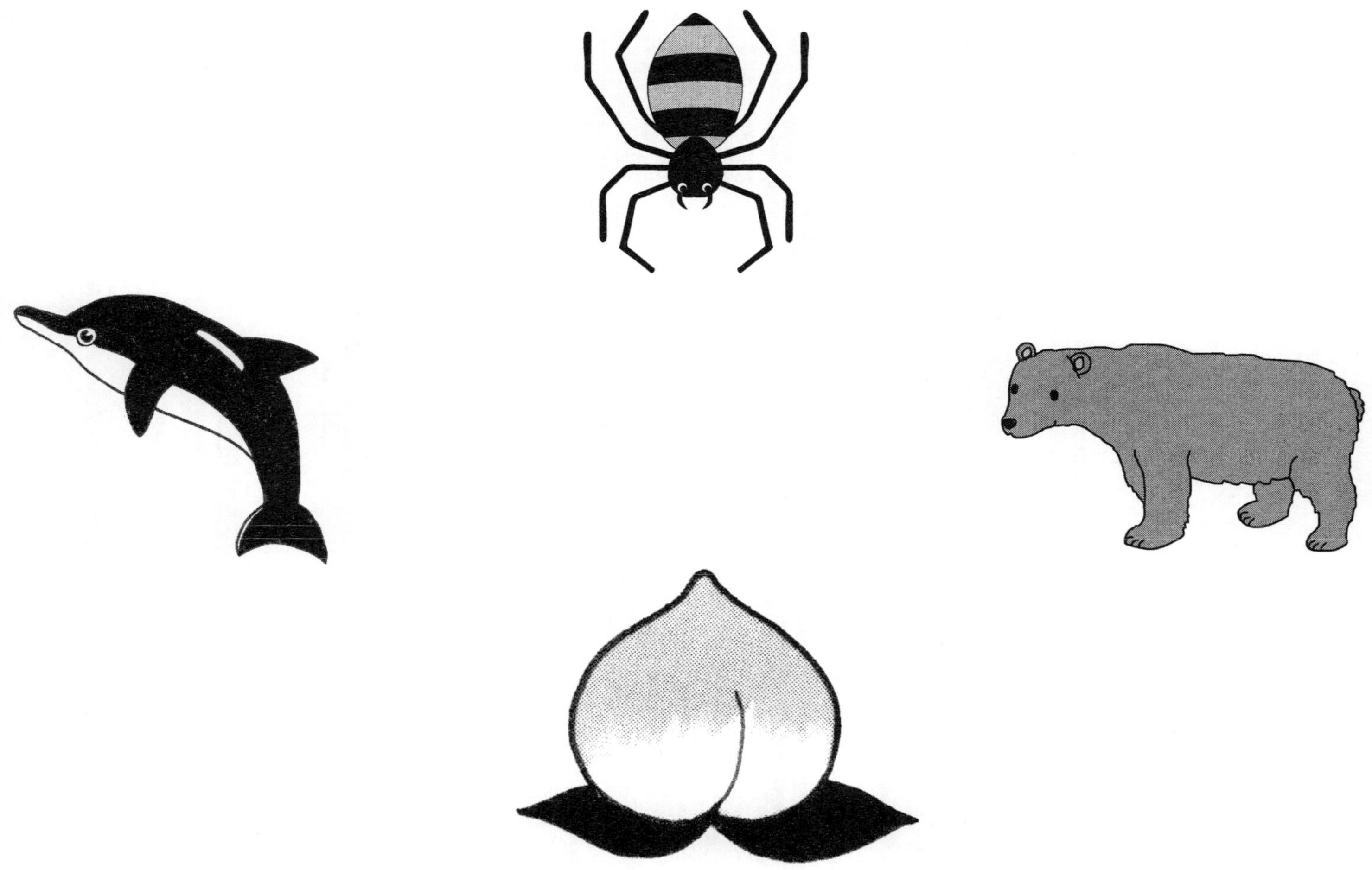

問題25

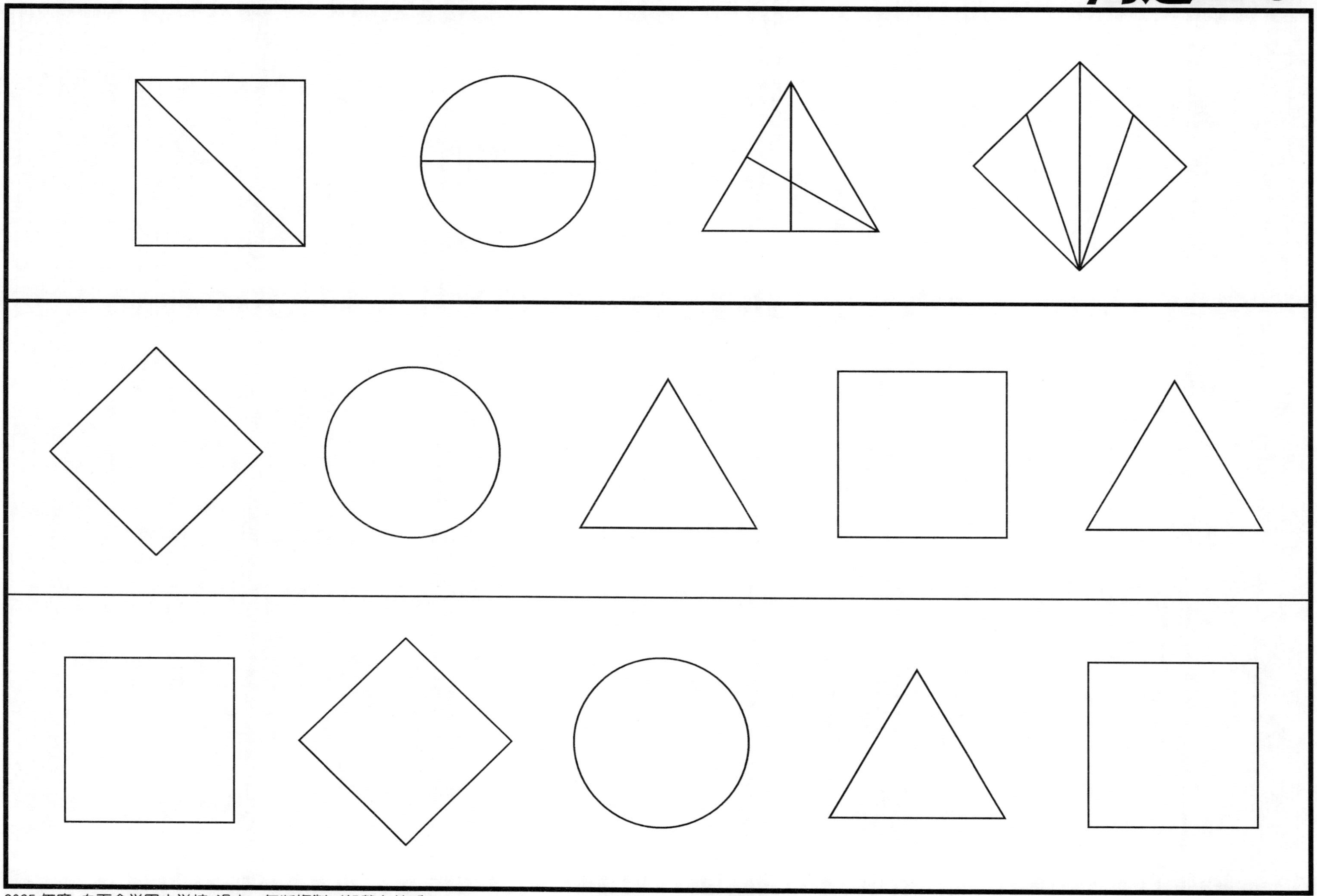

問題２６

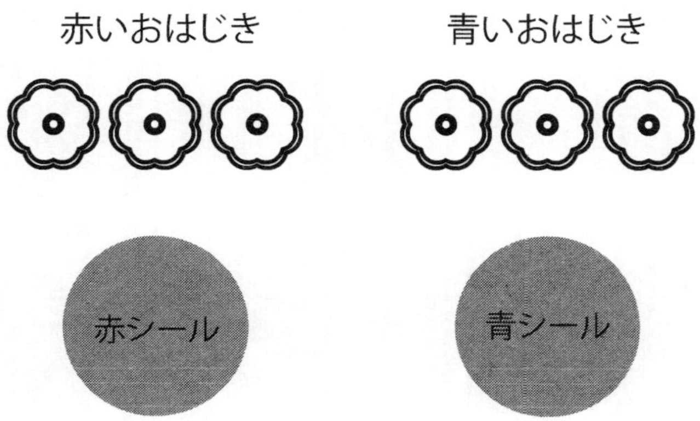

2025 年度 白百合学園小学校 過去　無断複製／転載を禁ずる　日本学習図書株式会社

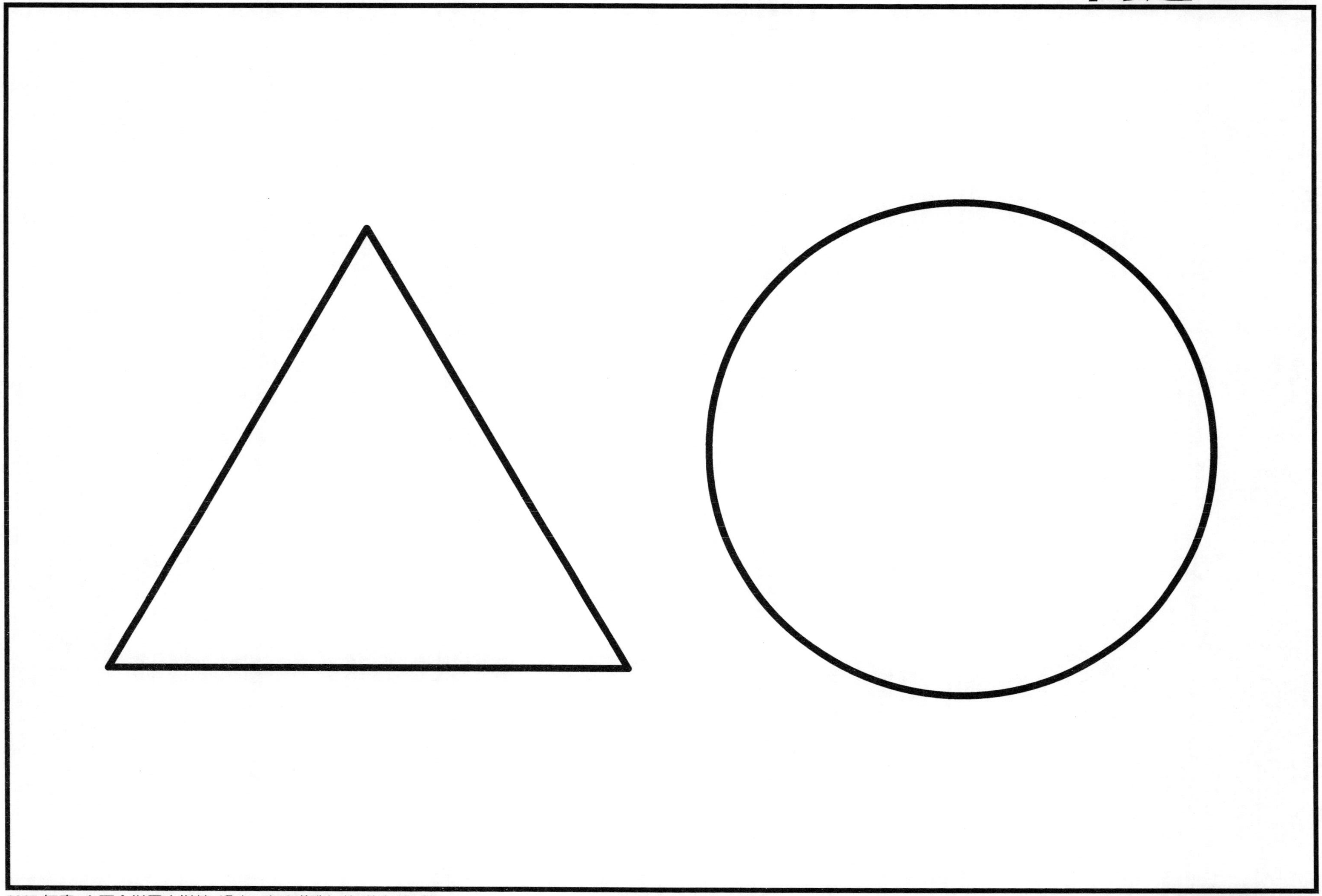

問題３０

①

②

③

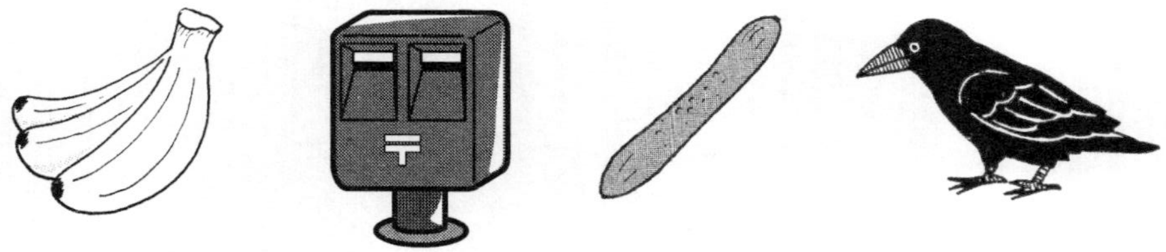

④

⑤

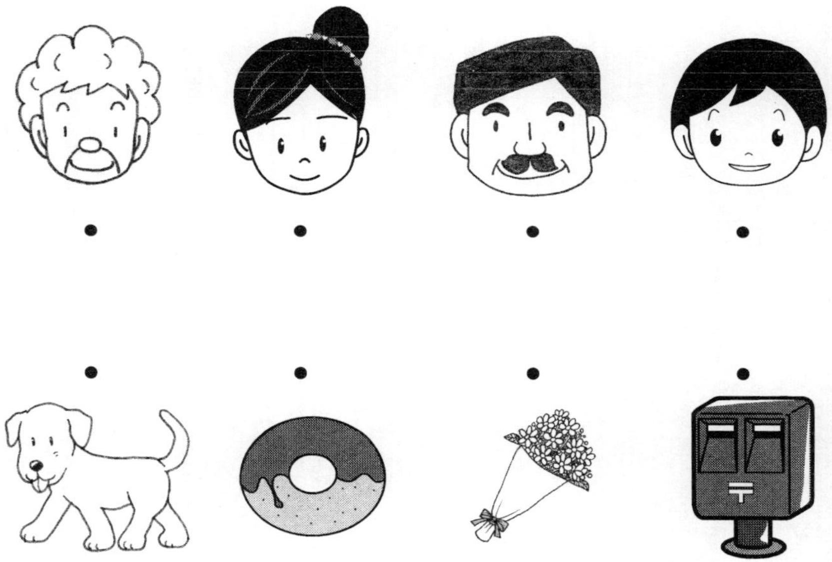

日本学習図書株式会社

2025 年度 白百合学園小学校 過去 無断複製／転載を禁ずる 日本学習図書株式会社

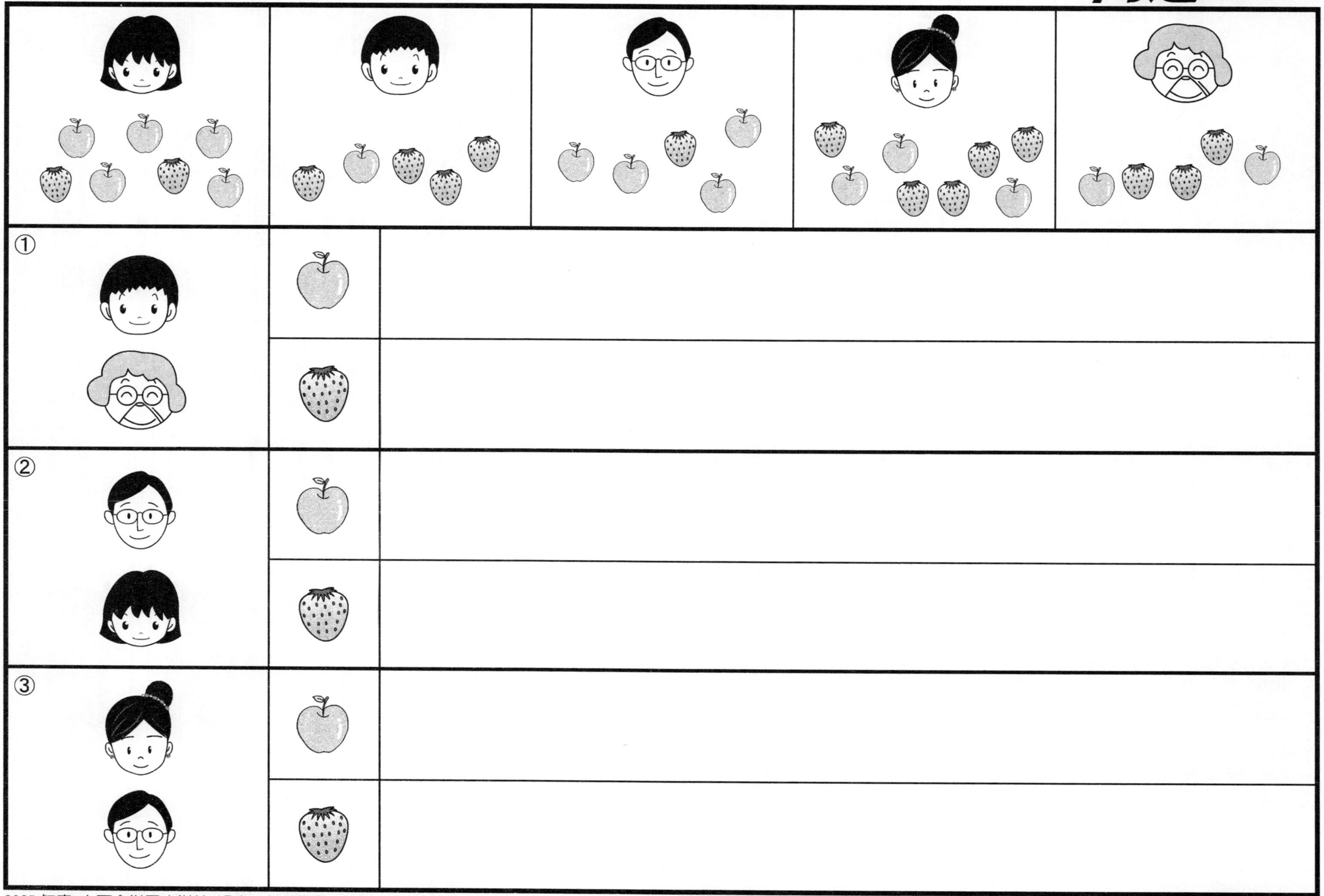

問題３２

①

→	↓	→	↑	→	→	↓

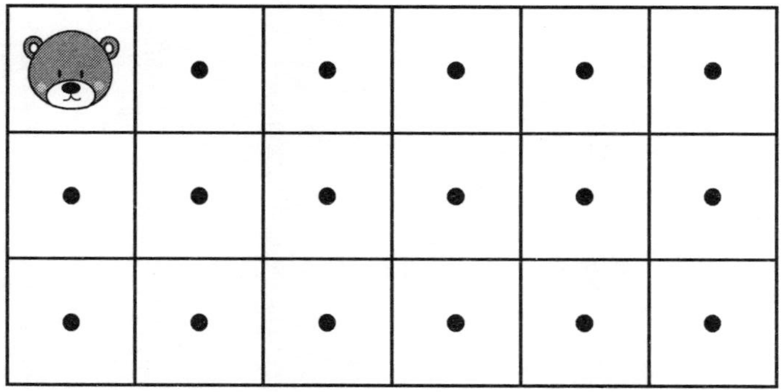

②

←	←	↓	↓	→	→	→	↑

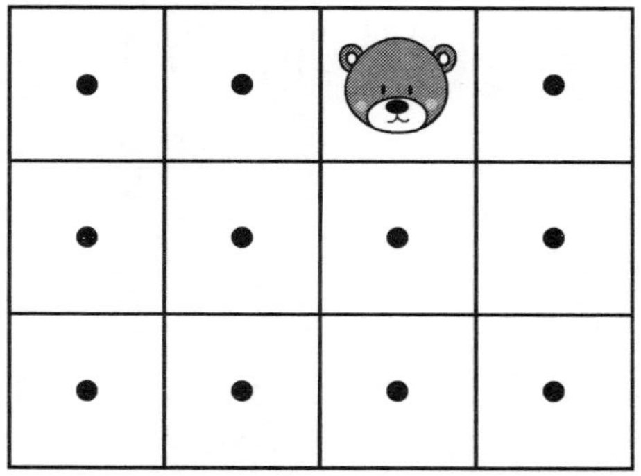

③

←	↓	→	↓	↓	←	←	←	↑	↑

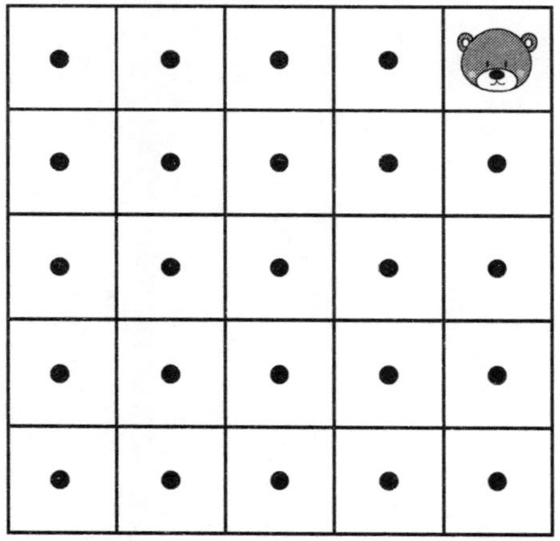

④

↑	→	↓	→	↑	↑	→	↑	↑	→

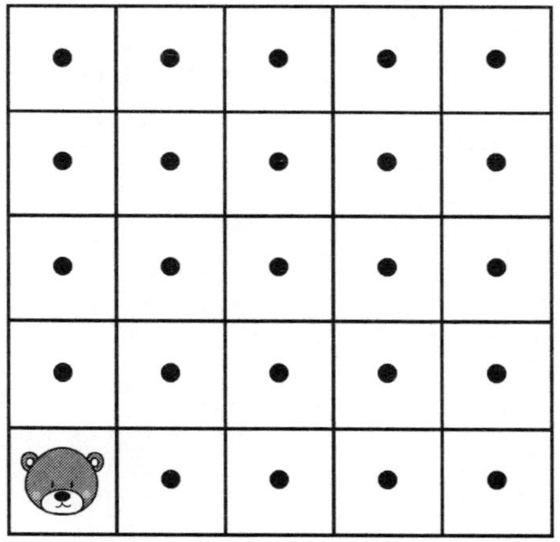

問題３３

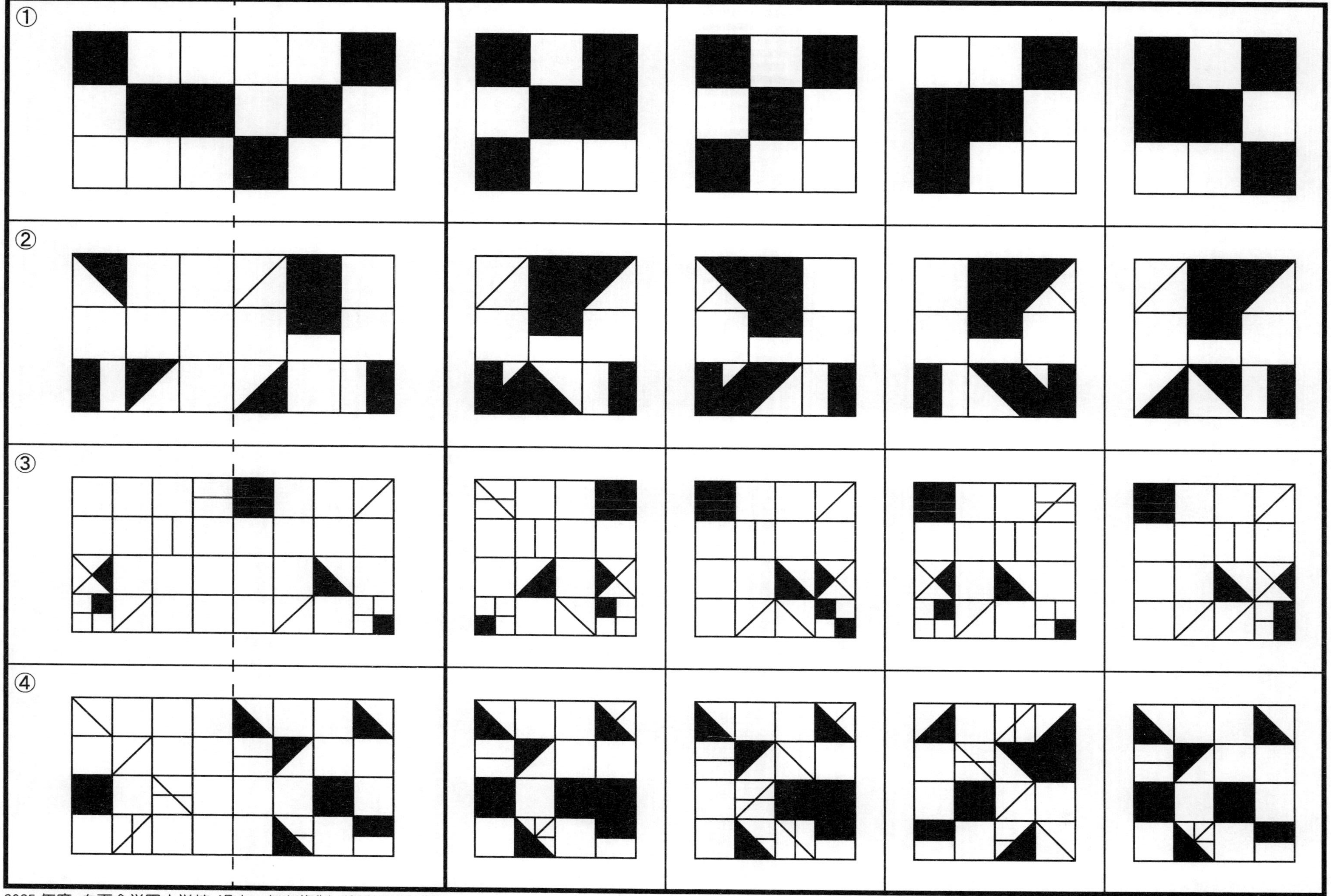

2025 年度　白百合学園小学校　過去　無断複製／転載を禁ずる　日本学習図書株式会社

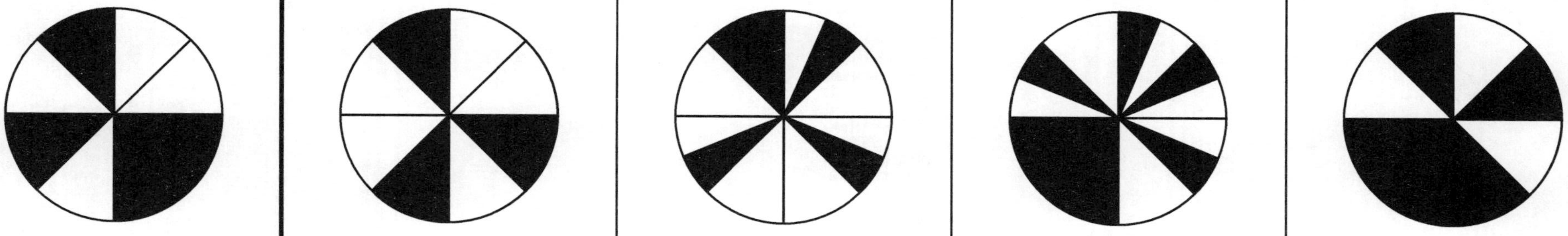

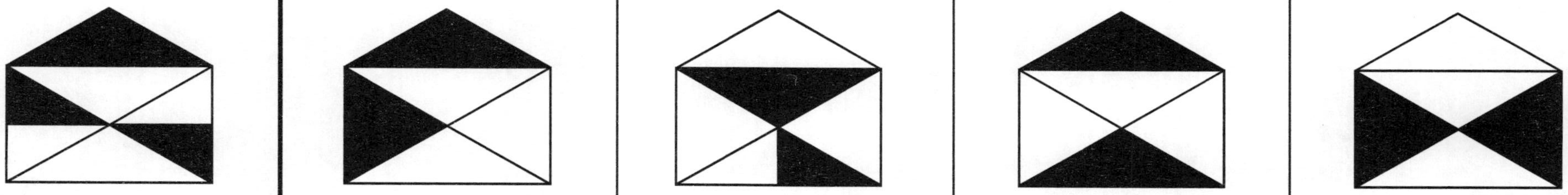

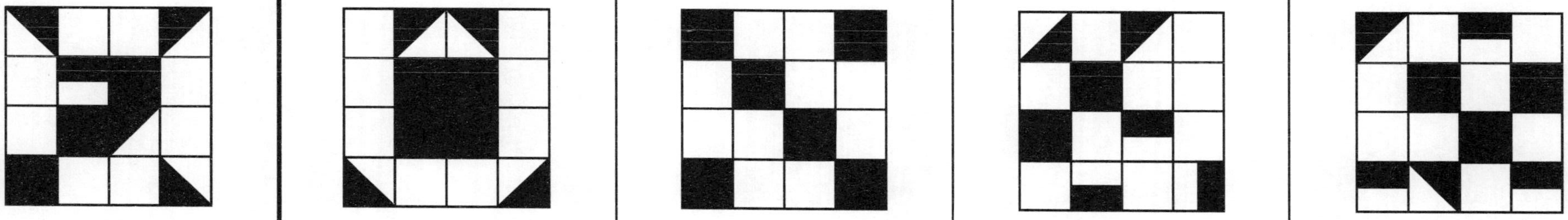

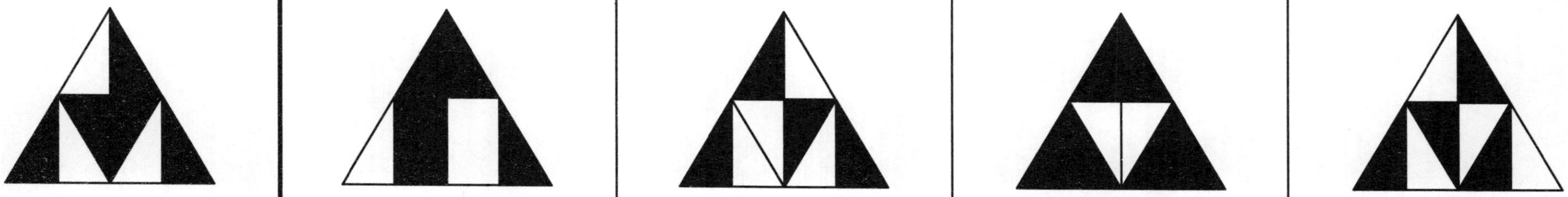

問題35

①

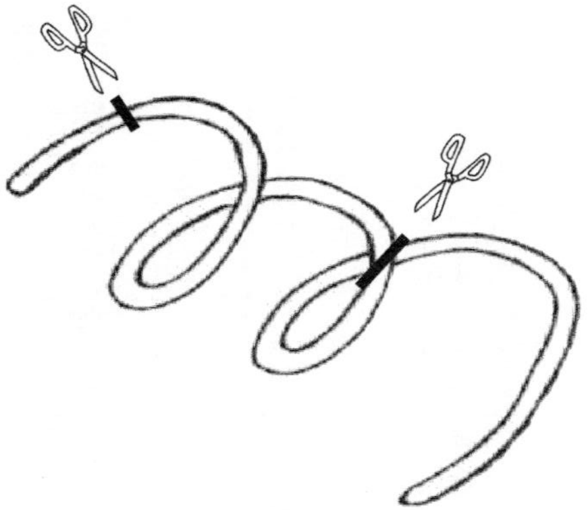

②

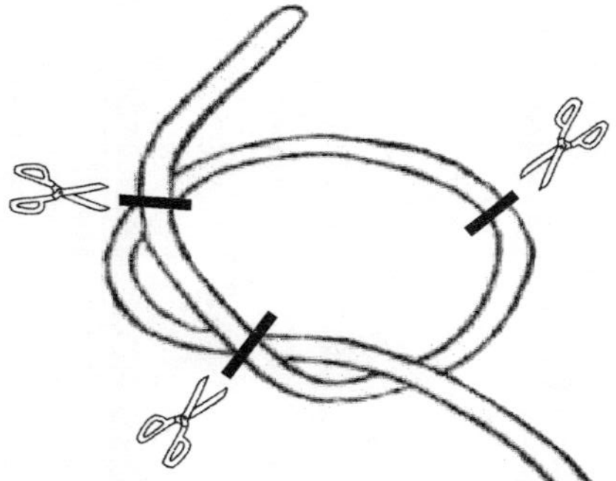

③

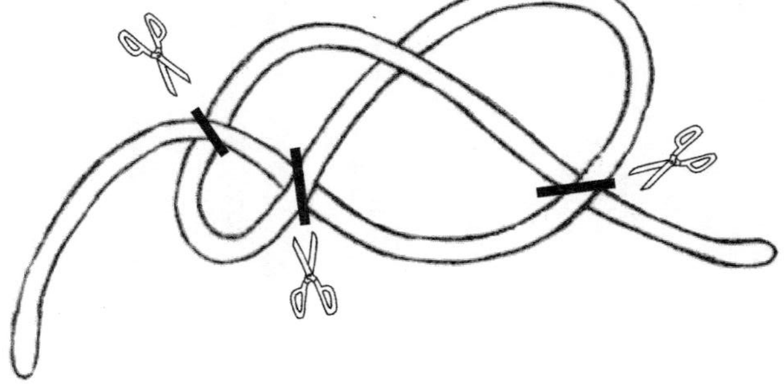

④

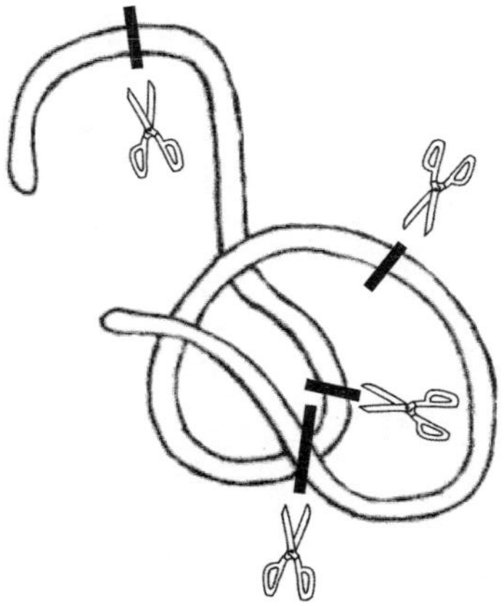

2025 年度 白百合学園小学校 過去 無断複製／転載を禁ずる

日本学習図書株式会社

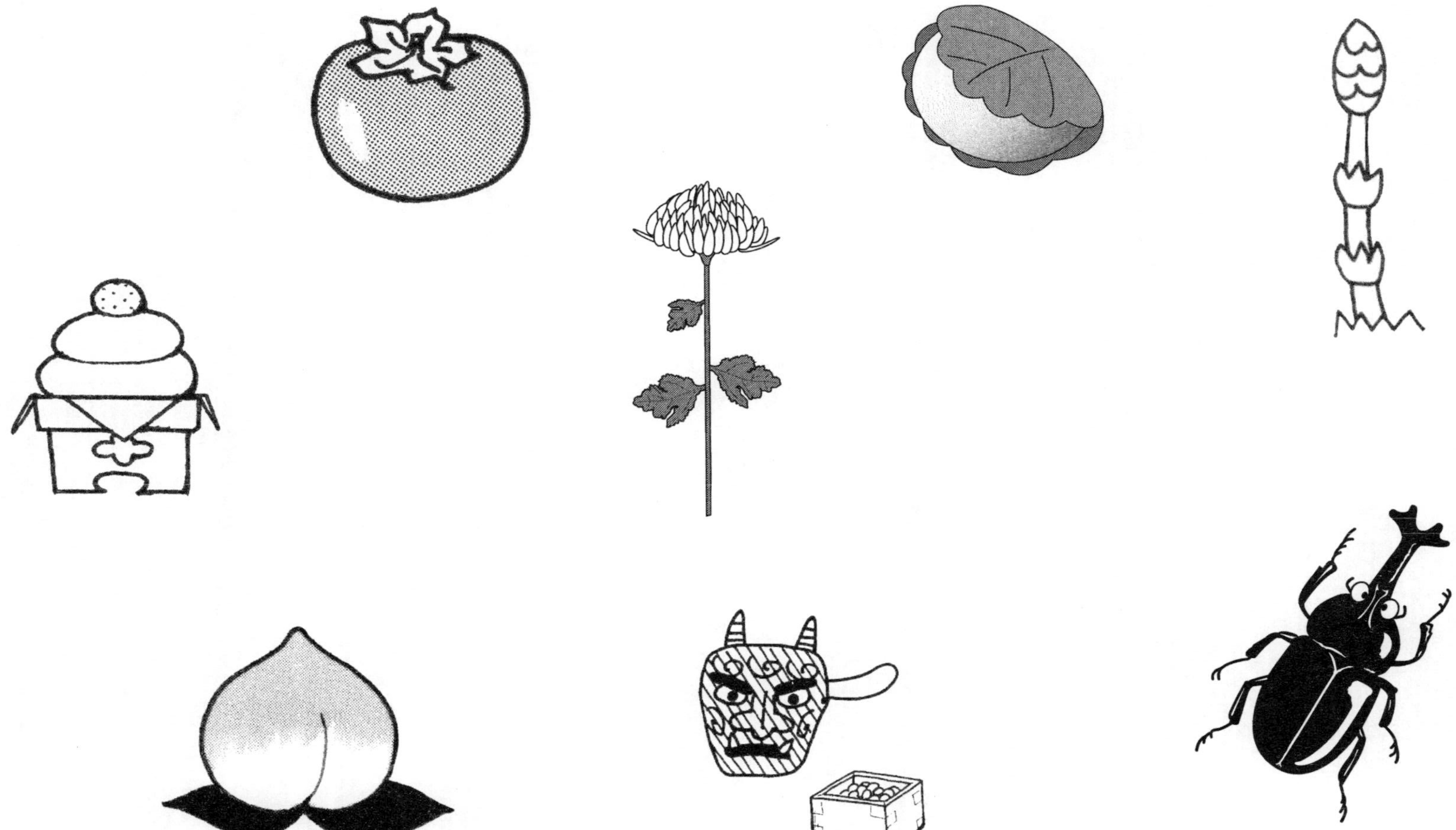

問題３７

問題38－1

日本学習図書株式会社

問題38－2

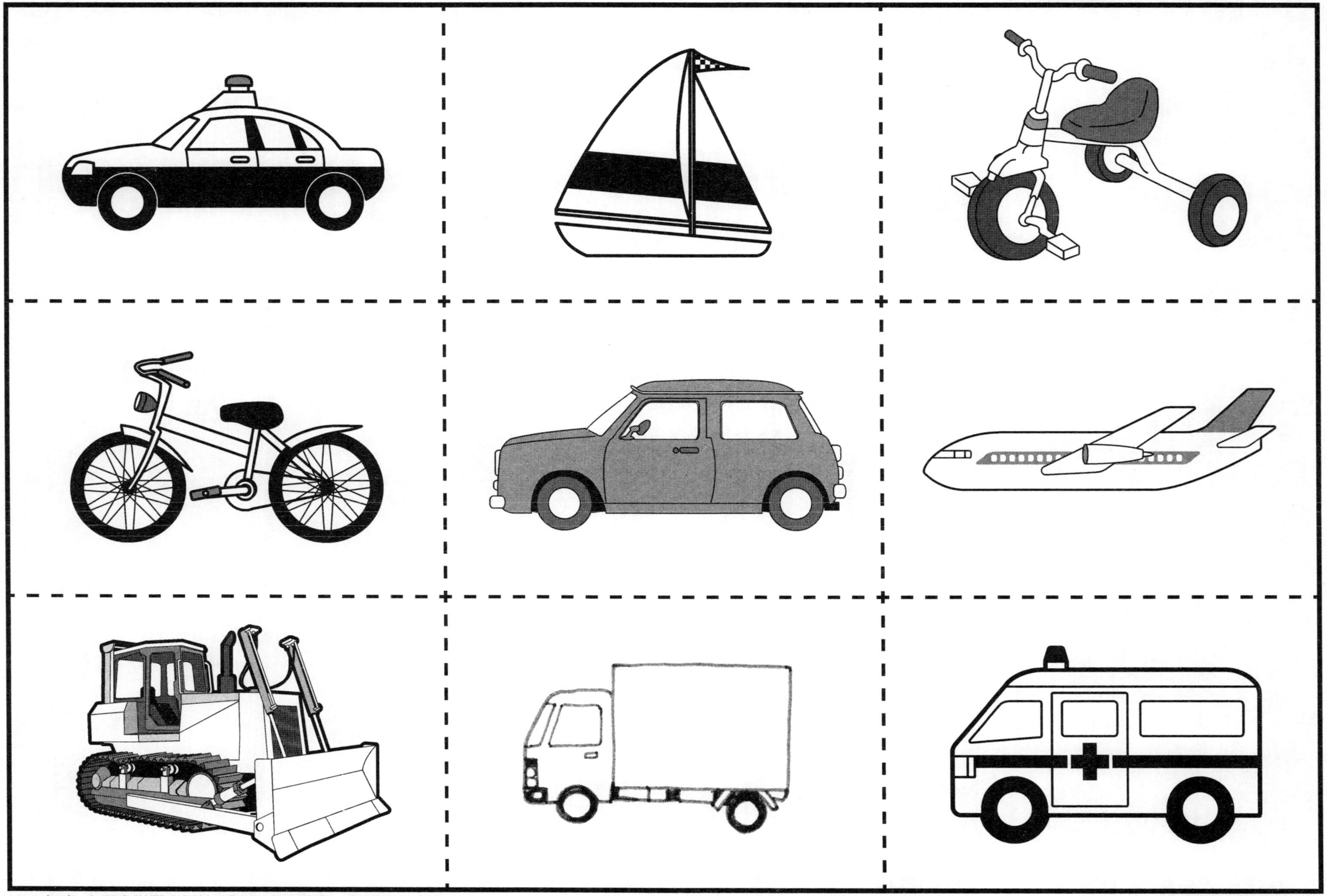

問題３８－３

　

問題３９

問題４０

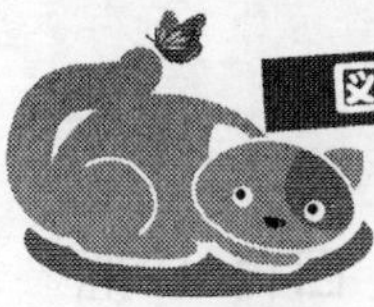

図書カード1000円分プレゼント

ご記入日　　　年　　月　　日

☆国・私立小学校受験アンケート☆

※可能な範囲でご記入下さい。選択肢は○で囲んで下さい。

〈小学校名〉＿＿＿＿＿＿＿＿＿＿　〈お子さまの性別〉男・女　〈誕生月〉＿＿月

〈その他の受験校〉（複数回答可）＿＿＿＿＿＿＿＿＿＿＿＿＿＿＿＿

〈受験日〉①：　　月　　日〈時間〉　　時　　分　～　　時　　分

②：　　月　　日〈時間〉　　時　　分　～　　時　　分

〈受験者数〉男女計＿＿名（男子＿＿名　女子＿＿名）

〈お子さまの服装〉＿＿＿＿＿＿＿＿＿＿＿＿＿＿＿＿

〈入試全体の流れ〉（記入例）準備体操→行動観察→ペーパーテスト

＿＿＿＿＿＿＿＿＿＿＿＿＿＿＿＿＿＿＿＿＿＿＿＿

Eメールによる情報提供

日本学習図書では、Eメールでも入試情報を募集しております。

下記のアドレスに、アンケートの内容をご入力の上、メールをお送り下さい。

ojuken@nichigaku.jp

●行動観察

（例）好きなおもちゃで遊ぶ・グループで協力するゲームなど

〈実施日〉　　月　　日〈時間〉　　時　　分　～　　時　　分　〈着替え〉□有　□無

〈出題方法〉□肉声　□録音　□その他（　　　　　　）〈お手本〉□有　□無

〈試験形態〉□個別　□集団（　　　人程度）

〈会場図〉

〈内容〉

□自由遊び

＿＿＿＿＿＿＿＿＿＿＿＿＿＿＿＿

□グループ活動

＿＿＿＿＿＿＿＿＿＿＿＿＿＿＿＿

□その他

＿＿＿＿＿＿＿＿＿＿＿＿＿＿＿＿

●運動テスト（有・無）

（例）跳び箱・チームでの競争など

〈実施日〉　　月　　日〈時間〉　　時　　分　～　　時　　分　〈着替え〉□有　□無

〈出題方法〉□肉声　□録音　□その他（　　　　　　）〈お手本〉□有　□無

〈試験形態〉□個別　□集団（　　　人程度）

〈会場図〉

〈内容〉

□サーキット運動

□走り　□跳び箱　□平均台　□ゴム跳び

□マット運動　□ボール運動　□なわ跳び

□クマ歩き

□グループ活動＿＿＿＿＿＿＿＿＿＿＿＿＿＿

□その他＿＿＿＿＿＿＿＿＿＿＿＿＿＿＿＿

●知能テスト・口頭試問

〈実施日〉＿＿月＿＿日〈時間〉＿＿時＿＿分～＿＿時＿＿分〈お手本〉□有 □無

〈出題方法〉 □肉声 □録音 □その他（　　　　　）〈問題数〉＿＿枚＿＿問

分野	方法	内　　容	詳　細・イ　ラ　ス　ト
（例） お話の記憶	☑筆記 □口頭	動物たちが待ち合わせをする話	（あらすじ） 動物たちが待ち合わせをした。最初にウサギさんが来た。次にイヌくんが、その次にネコさんが来た。最後にタヌキくんが来た。 （問題・イラスト） ３番目に来た動物は誰か 
お話の記憶	□筆記 □口頭		（あらすじ） （問題・イラスト）
図形	□筆記 □口頭		
言語	□筆記 □口頭		
常識	□筆記 □口頭		
数量	□筆記 □口頭		
推理	□筆記 □口頭		
その他	□筆記 □口頭		

●制作 （例）ぬり絵・お絵かき・工作遊びなど

〈実施日〉＿＿月＿＿日〈時間〉＿＿時＿＿分〜＿＿時＿＿分

〈出題方法〉□肉声 □録音 □その他（　　　）〈お手本〉□有 □無

〈試験形態〉□個別 □集団（　　　人程度）

材料・道具	制作内容
□ハサミ	□切る □貼る □塗る □ちぎる □結ぶ □描く □その他（　　　）
□のり（□つぼ □液体 □スティック）	タイトル：＿＿＿＿＿＿＿＿
□セロハンテープ	
□鉛筆 □クレヨン（　色）	
□クーピーペン（　色）	
□サインペン（　色）□	
□画用紙（□ A4 □ B4 □ A3	
□その他：　　　）	
□折り紙 □新聞紙 □粘土	
□その他（　　　）	

●面接

〈実施日〉＿＿月＿＿日〈時間〉＿＿時＿＿分〜＿＿時＿＿分〈面接担当者〉＿＿名

〈試験形態〉□志願者のみ（　）名 □保護者のみ □親子同時 □親子別々

〈質問内容〉

※試験会場の様子をご記入下さい。

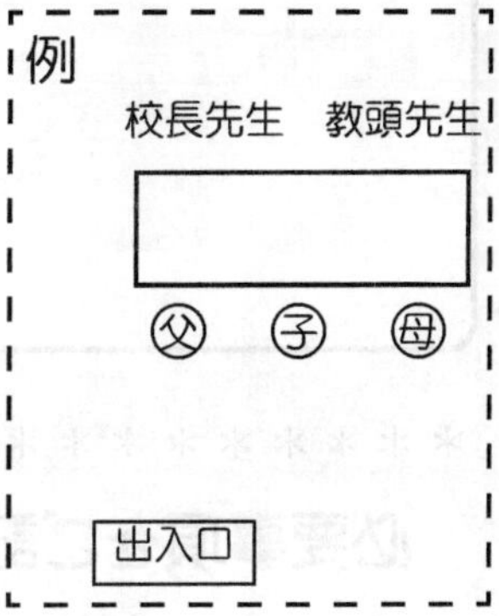

□志望動機　□お子さまの様子

□家庭の教育方針

□志望校についての知識・理解

□その他（　　　　）

（詳　細）

・

・

・

・

●保護者作文・アンケートの提出（有・無）

〈提出日〉□面接直前 □出願時 □志願者考査中 □その他（　　　）

〈下書き〉□有 □無

〈アンケート内容〉

（記入例）当校を志望した理由はなんですか（150字）

●説明会（□有　□無）〈開催日〉　　月　　日〈時間〉　　時　　分　～　　時　　分

〈上履き〉　□要　□不要　〈願書配布〉　□有　□無　〈校舎見学〉　□有　□無

〈ご感想〉

●参加された学校行事（複数回答可）

公開授業〈開催日〉　　月　　日〈時間〉　　時　　分　～　　時　　分

運動会など〈開催日〉　　月　　日〈時間〉　　時　　分　～　　時　　分

学習発表会・音楽会など〈開催日〉　　月　　日〈時間〉　　時　　分　～　　時　　分

〈ご感想〉

※是非参加したほうがよいと感じた行事について

●受験を終えてのご感想、今後受験される方へのアドバイス

※対策学習（重点的に学習しておいた方がよい分野）、当日準備しておいたほうがよい物など

＊＊＊＊＊＊＊＊＊＊＊＊＊　ご記入ありがとうございました　＊＊＊＊＊＊＊＊＊＊＊＊＊

必要事項をご記入の上、ポストにご投函ください。

なお、本アンケートの送付期限は入試終了後３ヶ月とさせていただきます。また、入試に関する情報の記入量が当社の基準に満たない場合、謝礼の送付ができないことがございます。あらかじめご了承ください。

ご住所：〒

お名前：　　　　メール：

ＴＥＬ：　　　　ＦＡＸ：

アンケートのご記入
ありがとうございました

ご記入頂いた個人に関する情報は、当社にて厳重に管理致します。弊社の個人情報取り扱いに関する詳細は、www.nichigaku.jp/policy.php の「個人情報の取り扱い」をご覧下さい。

分野別 小学入試練習帳 ジュニアウォッチャー

1．点・線図形	小学校入試で出題頻度の高い『点・線図形』の模写を、難易度の低いものから段階別に幅広く練習することができるように構成。
2．座標	図形の位置模写という作業を、難易度の低いものから段階別に練習できるように構成。
3．パズル	様々なパズルの問題を難易度の低いものから段階別に練習できるように構成。
4．同図形探し	小学校入試で出題頻度の高い、同図形選びの問題を繰り返し練習できるように構成。
5．回転・展開	図形などを回転、または展開したとき、形がどのように変化するかを学習し、理解を深められるように構成。
6．系列	数、図形などの様々な系列問題を、難易度の低いものから段階別に練習できるように構成。
7．迷路	迷路の問題を繰り返し練習できるように構成。
8．対称	対称に関する問題を４つのテーマに分類し、各テーマごとに問題を段階別に練習できるように構成。
9．合成	図形の合成に関する問題を、難易度の低いものから段階別に練習できるように構成。
10. 四方からの観察	もの（立体）を様々な角度から見て、どのように見えるかを推理する問題を段階別に整理し、１つの形式で複数の問題を練習できるように構成。
11. いろいろな仲間	ものや動物、植物の共通点を見つけ、分類していく問題を中心に構成。
12. 日常生活	日常生活における様々な問題を６つのテーマに分類し、各テーマごとに一つの問題形式で複数の問題を練習できるように構成。
13. 時間の流れ	『時間』に着目し、様々なものごとは、時間が経過するとどのように変化するのかということを学習し、理解できるように構成。
14. 数える	様々なものを『数える』ことから、数の多少の判定やかけ算、わり算の基礎までを練習できるように構成。
15. 比較	比較に関する問題を５つのテーマ（数、高さ、長さ、量、重さ）に分類し、各テーマごとに問題を段階別に練習できるように構成。
16. 積み木	数える対象を積み木に限定した問題集。
17. 言葉の音遊び	言葉の音に関する問題を５つのテーマに分類し、各テーマごとに問題を段階別に練習できるように構成。
18. いろいろな言葉	表現力をより豊かにするいろいろな言葉として、擬態語や擬声語、同音異義語、反意語、数詞を取り上げた問題集。
19. お話の記憶	お話を聴いてその内容を記憶、理解し、設問に答える形式の問題集。
20. 見る記憶・聴く記憶	「見て憶える」「聴いて憶える」という『記憶』分野に特化した問題集。
21. お話作り	いくつかの絵を元にしてお話を作る練習をして、想像力を養うことができるように構成。
22. 想像画	描かれてある形や景色に好きな絵を描くことにより、想像力を養うことができるように構成。
23. 切る・貼る・塗る	小学校入試で出題頻度の高い、はさみやのりなどを用いた巧緻性の問題を繰り返し練習できるように構成。
24・絵画	小学校入試で出題頻度の高い、お絵かきやぬり絵などクレヨンやクーピーペンを用いた巧緻性の問題を繰り返し練習できるように構成。
25. 生活巧緻性	小学校入試で出題頻度の高い日常生活の様々な場面における巧緻性の問題集。
26. 文字・数字	ひらがなの清音、濁音、拗音、拗長音、促音と１～20までの数字に焦点を絞り、練習できるように構成。
27. 理科	小学校入試で出題頻度が高くなりつつある理科の問題を集めた問題集。
28. 運動	出題頻度の高い運動問題を種目別に分けて構成。
29. 行動観察	項目ごとに問題提起をし、「このような時はどうか、あるいはどう対処するのか」の観点から問いかける形式の問題集。
30. 生活習慣	学校から家庭に提起された問題と思って、一問一問絵を見ながら話し合い、考える形式の問題集。

31. 推理思考	数、量、言語、常識（含理科、一般）など、諸々のジャンルから問題を構成し、近年の小学校入試問題傾向に沿って構成。
32. ブラックボックス	箱や筒の中を通ると、どのようなお約束でどのように変化するかを推理・思考する問題集。
33. シーソー	重さの違うものをシーソーに乗せた時どちらに傾くのか、またどうすればシーソーは釣り合うのかを思考する基礎的な問題集。
34. 季節	様々な行事や植物などを季節別に分類できるように知識をつける問題集。
35. 重ね図形	小学校入試で頻繁に出題されている「図形を重ね合わせてできる形」についての問題を集めました。
36. 同数発見	様々な物を数え「同じ数」を発見し、数の多少の判断や数の認識の基礎を学べるように構成した問題集。
37. 選んで数える	数の学習の基本となる、いろいろなものの数を正しく数える学習を行う問題集。
38. たし算・ひき算１	数字を使わず、たし算とひき算の基礎を身につけるための問題集。
39. たし算・ひき算２	数字を使わず、たし算とひき算の基礎を身につけるための問題集。
40. 数を分ける	数を等しく分ける問題です。等しく分けたときに余りが出るものもあります。
41. 数の構成	ある数がどのような数で構成されているか学んでいきます。
42. 一対多の対応	一対一の対応から、一対多の対応まで、かけ算の考え方の基礎学習を行います。
43. 数のやりとり	あげたり、もらったり、数の変化をしっかりと学びます。
44. 見えない数	指定された条件から数を導き出します。
45. 図形分割	図形の分割に関する問題集。パズルや合成の分野にも通じる様々な問題を集めました。
46. 回転図形	「回転図形」に関する問題集。やさしい問題から始め、いくつかの代表的なパターンから、段階を踏んで学習できるよう編集されています。
47. 座標の移動	「マス目の指示通りに移動する問題」と「指示された数だけ移動する問題」を収録。
48. 鏡図形	鏡で左右反転させた時の見え方を考えます。平面図形から立体図形、文字、絵まで。
49. しりとり	すべての学習の基礎となる「言葉」を学ぶこと、特に「語彙」を増やすことに重点をおき、さまざまなタイプの「しりとり」問題を集めました。
50. 観覧車	観覧車やメリーゴーラウンドなどを舞台にした「回転系列」の問題集。「推理思考」分野の問題ですが、要素として「図形」や「数量」も含みます。
51. 運筆①	鉛筆の持ち方を学び、点線なぞり、お手本を見ながらの模写で、線を引く練習をします。
52. 運筆②	運筆①からさらに発展し、「欠所補完」や「迷路」などを楽しみながら、より複雑な鉛筆運びを習得することを目指します。
53. 四方からの観察 積み木編	積み木を使用した「四方からの観察」に関する問題を練習できるように構成。
54. 図形の構成	見本の図形がどのような部分によって形づくられているかを考えます。
55. 理科②	理科的知識に関する問題を集中して練習する「常識」分野の問題集。
56. マナーとルール	道路や駅、公共の場でのマナー、安全や衛生に関する常識を学べるように構成。
57. 置き換え	さまざまな具体的・抽象的事象を記号で表す「置き換え」の問題を扱います。
58. 比較②	長さ・高さ・体積・数などを数学的な知識を使わず、論理的に推測する「比較」の問題を練習できるように構成。
59. 欠所補完	線と線のつながり、欠けた絵に当てはまるものなどを求める「欠所補完」に取り組める問題集です。
60. 言葉の音（おん）	しりとり、決まった順番の音をつなげるなど、「言葉の音」に関する問題に取り組める練習問題集です。

◆◆ニチガクのおすすめ問題集◆◆

より充実した家庭学習を目指し、ニチガクではさまざまな問題集をとりそろえております!!

ジュニアウォッチャー（既刊60巻）

①～⑳（以下続刊）
本体各￥1,500＋税

入試出題頻度の高い9分野を、さらに60の項目に細分化した問題集が出来ました。
苦手分野におけるつまずきを効率よく克服するための60冊となっており、小学校受験における基礎学習にぴったりの問題集です。ポイントが絞られているため、無駄なく学習を進められる、まさに小学校受験問題集の入門編です。

国立・私立 NEW ウォッチャーズ

言語／理科／図形／記憶
常識／数量／推理
各2巻・全14巻
本体各￥2,000＋税

シリーズ累計発行部数40万部以上を誇る大ベストセラー「ウォッチャーズシリーズ」の趣旨を引き継ぐ新シリーズができました！
こちらは国立・私立それぞれの出題傾向に合わせた分野別問題集です。全問「解答のポイント」「ミシン目」付き、切り離し可能なプリント学習タイプで家庭学習におすすめです！

まいにちウォッチャーズ（全16巻）

導入編／練習編
実践編／応用編　各4巻
本体各￥2,000＋税

シリーズ累計発行部数40万部以上を誇る大ベストセラー「ウォッチャーズシリーズ」の趣旨を引き継ぐ新シリーズができました！
こちらは、お子さまの学習進度に合わせ、全分野を網羅できる総合問題集です。全問「解答のポイント」「ミシン目」付き、切り離し可能なプリント学習タイプで家庭学習におすすめです！

実践 ゆびさきトレーニング①・②・③

①・②・③　全3巻
本体　各￥2,500＋税

制作問題に特化した問題集ができました。
有名校が実際に出題した問題を分析し、類題を各35問ずつ掲載しています。様々な道具の扱い方（はさみ・のり・セロハンテープの使い方）から、手先・指先の訓練（ちぎる・貼る・塗る・切る・結ぶ）、表現することの楽しさも学習することができる問題集です。

お話の記憶問題集

初級編
本体￥2,600＋税
中級編／上級編
本体各￥2,000＋税

「お話の記憶」分野の問題集ができました。
あらゆる学習に不可欠な、語彙力・集中力・記憶力・理解力・想像力を養うと言われているのが「お話の記憶」という分野です。難易度別に収録されていますので、まずは初級編、慣れてきたら中級編・上級編と学習を進められます。

分野別 苦手克服シリーズ（全6巻）

図形／数量／言語
常識／記憶／推理
本体各￥2,000＋税

お子さまの苦手を克服する問題集ができました。
アンケートに基づき、多くのお子さまが苦手とする数量・図形・言語・常識・記憶の6分野を、それぞれ問題集にまとめました。全問アドバイス付きですので、ご家庭において、そのつまづきを解消するためのプロセスも理解できます。

運動テスト・ノンペーパーテスト問題集

新 運動テスト問題集
本体￥2,200＋税

新 ノンペーパーテスト問題集
本体￥2,600＋税

ノンペーパーテストは国立・私立小学校で幅広く出題される、筆記用具を使用しない分野の問題を全40問掲載しています。
運動テスト問題集は運動分野に特化した問題集です。指示の理解や、ルールを守る訓練など、ポイントを押さえた学習に最適。全35問掲載。

口頭試問・面接テスト問題集

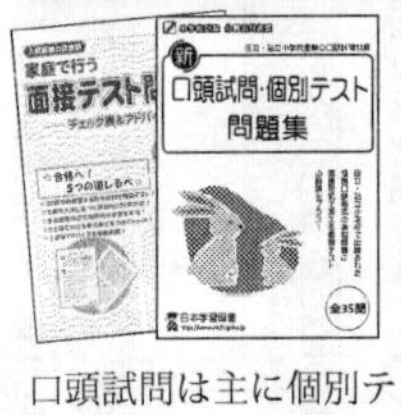

新 口頭試問・個別テスト問題集
本体￥2,500＋税

面接テスト問題集
本体￥2,000＋税

口頭試問は主に個別テストとして口頭で出題解答を行うテスト形式、面接は主に「考え」やふだんの「あり方」をたずねられるものです。
口頭で答える点は同じですが、内容は大きく異なります。想定する質問内容や答え方の幅を広げるために、どちらも手にとっていただきたい問題集です。

小学校受験 厳選難問集 ①・②

①・②・③　全3巻
本体各￥2,600＋税

実際に出題された入試問題の中から、難易度の高い問題をピックアップし、アレンジした問題集です。応用問題への挑戦は、基礎の理解度を測るだけでなく、お子さまの達成感・知的好奇心を触発します。
①は数量・図形・推理・言語、②は位置・常識・比較・記憶分野を掲載しています。各40問。

国立小学校　入試問題総集編

A・B・C（全3巻）
本体各￥3,282＋税

国立小学校頻出の問題を厳選して収録した問題集です。細かな指導方法やアドバイスが掲載してあり、効率的な学習が進められます。
難易度別の収録となっており、お子さまの学習進度に合わせて利用できます。付録のレーダーチャートにより得意・不得意を認識でき、国立小学校受験対策に最適な総合問題集です。

おうちでチャレンジ ①・②

①・②　全2巻
本体　各￥1,800＋税

関西最大級の模擬試験『小学校受験標準テスト』ペーパー問題を編集した、実力養成に最適な問題集です。延べ受験者数10,000人以上のデータを分析し、お子さまの習熟度・到達度を一目で判別できるようになっています。
保護者必読の特別アドバイス収録！学習習熟度を測るためにも、定期的に活用したい一冊です。

Q&Aシリーズ

『小学校受験で知っておくべき125のこと』
『新小学校受験の入試面接Q&A』
『新小学校受験 願書・アンケート文例集500』

本体各￥2,600＋税

「知りたい！」「聞きたい！」
「こんな時どうすれば…？」
そんな疑問や悩みにお答えする、当社で人気の保護者向け書籍です。受験を考え始めた保護者の方や、実際に入試の出願・面接などを控えている直前の保護者の方など、さまざまな場面で参考にしていただける書籍となっています。

書籍についてのご注文・お問い合わせ
☎ 03-5261-8951

http://www.nichigaku.jp
※ご注文方法、書籍についての詳細は、Webサイトをご覧ください。

日本学習図書　検索

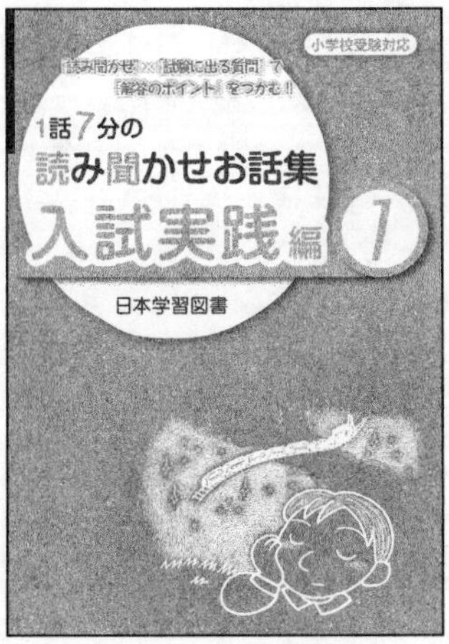

『読み聞かせ』×『質問』＝『聞く力』

お話の記憶の練習に最適

1話5分の 読み聞かせお話集①②

「アラビアン・ナイト」「アンデルセン童話」「イソップ寓話」「グリム童話」、日本や各国の民話、昔話、偉人伝の中から、教育的な物語や、過去に小学校入試でも出題された有名なお話を中心に掲載。お話ごとに、内容に関連したお子さまへの質問も掲載しています。「読み聞かせ」を通して、お子さまの『聞く力』を伸ばすことを目指します。

①巻・②巻　各48話

1話7分の読み聞かせお話集 入試実践編①

国立・私立小学校受験対応

最長1,700文字の長文のお話を掲載。有名でない＝「聞いたことのない」お話を聞くことで、『集中力』のアップを目指します。設問も、実際の試験を意識した設問としています。ペーパーテスト実施校の多くが「お話の記憶」の問題を出題します。毎日の「読み聞かせ」と「試験に出る質問」で、「解答のポイント」をつかんで臨みましょう！

50話収録

ニチガクの この５冊で受験準備も万全！

小学校受験入門 願書の書き方から面接まで リニューアル版

主要私立・国立小学校の願書・面接内容を中心に、学校選びや入試の分野傾向、服装コーディネート、持ち物リストなども網羅し、受験準備全体をサポートします。

小学校受験で 知っておくべき 125のこと

小学校受験の基本から怪しい「ウワサ」まで、保護者の方々からの125の質問にていねいに解答。目からウロコのお受験本。

新　小学校受験の 入試面接Q＆A リニューアル版

過去十数年に遡り、面接での質問内容を網羅。小学校別、父親・母親・志願者別、さらに学校のこと・志望動機・お子さまについてなど分野ごとに模範解答例やアドバイスを掲載。

新　願書・アンケート 文例集500 リニューアル版

有名私立小、難関国立小の願書やアンケートに記入するための適切な文例を、質問の項目別に収録。合格を掴むためのヒントが満載！願書を書く前に、ぜひ一度お読みください。

小学校受験に関する 保護者の悩みQ＆A

保護者の方約1,000人に、学習・生活・躾に関する悩みや問題を取材。その中から厳選した200例以上の悩みに、「ふだんの生活」と「入試直前」のアドバイス2本立てで悩みを解決。

日本学習図書株式会社

白百合学園小学校　専用注文書

年　　月　　日

合格のための問題集ベスト・セレクション

＊入試頻出分野ベスト３

1st 推　理

聞く力　観察力　思考力

2nd 言　語

語彙力　聞く力　集中力

3rd 記　憶

観察力　聞く力　集中力

幅広い分野からの問題が、ペーパーと口頭試問の２形式で出題されます。問題の中には難しいものもあり、制限時間も短いので、学力と要領のよさが同時に要求されます。

分野	書　名	価格(税込)	注文	分野	書　名	価格(税込)	注文
数量	Ｊｒ・ウォッチャー 14「数える」	1,650 円	冊	図形	Ｊｒ・ウォッチャー 47「座標の移動」	1,650 円	冊
言語	Ｊｒ・ウォッチャー 17「言葉の音遊び」	1,650 円	冊	言語	Ｊｒ・ウォッチャー 49「しりとり」	1,650 円	冊
記憶	Ｊｒ・ウォッチャー 19「お話の記憶」	1,650 円	冊	常識	Ｊｒ・ウォッチャー 55「理科②」	1,650 円	冊
記憶	Ｊｒ・ウォッチャー 20「見る記憶・聴く記憶」	1,650 円	冊	言語	Ｊｒ・ウォッチャー 60「言葉の音（おん）」	1,650 円	冊
図形	Ｊｒ・ウォッチャー 21「お話作り」	1,650 円	冊	図形	Ｊｒ・ウォッチャー 47「座標の移動」	1,650 円	冊
巧緻性	Ｊｒ・ウォッチャー 25「生活巧緻性」	1,650 円	冊		お話の記憶　初級編	2,860 円	冊
言語	Ｊｒ・ウォッチャー 27「理科」	1,650 円	冊		お話の記憶　中級編・上級編	2,200 円	各　冊
記憶	Ｊｒ・ウォッチャー 29「行動観察」	1,650 円	冊		口頭試問最強マニュアル ペーパーレス編	2,200 円	冊
記憶	Ｊｒ・ウォッチャー 32「ブラックボックス」	1,650 円	冊		口頭試問最強マニュアル 生活体験編	2,200 円	冊
常識	Ｊｒ・ウォッチャー 34「季節」	1,650 円	冊		実践 ゆびさきトレーニング①②③	2,750 円	各　冊
図形	Ｊｒ・ウォッチャー 35「重ね図形」	1,650 円	冊		面接テスト問題集	2,200 円	冊
数量	Ｊｒ・ウォッチャー 38「たし算・ひき算１」	1,650 円	冊		保護者のための入試面接最強マニュアル	2,200 円	冊
数量	Ｊｒ・ウォッチャー 39「たし算・ひき算２」	1,650 円	冊		新 小学校受験の入試面接Ｑ＆Ａ	2,860 円	冊

合計	冊	円

(フリガナ) 氏　名	電　話 ＦＡＸ E-mail
住 所　〒　　　　－	以前にご注文されたことはございますか。 有　・　無

★お近くの書店、または記載の電話・FAX・ホームページにてご注文をお受けしております。
電話：03-5261-8951　FAX：03-5261-8953　代金は書籍合計金額＋送料がかかります。
※なお、落丁・乱丁以外の理由による商品の返品・交換には応じかねます。
★ご記入頂いた個人に関する情報は、当社にて厳重に管理致します。なお、ご購入の商品発送の他に、当社発行の書籍案内、書籍に関する調査に使用させて頂く場合がございますので、予めご了承ください。

日本学習図書株式会社
https://www.nichigaku.jp

家庭学習をトータルサポート！ ニチガクのオリジナル 効果的 学習法

1 まずは アドバイスページを読む！

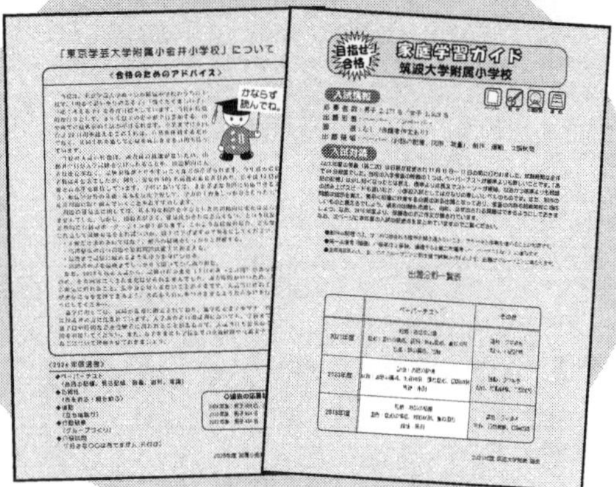

ピンク色です

対策や試験ポイントがぎっしりつまった「家庭学習ガイド」。分野アイコンで、試験の傾向をおさえよう！

2 問題をすべて読み、出題傾向を把握する

3 「アドバイス」で学校側の観点や問題の解説を熟読

4 はじめて過去問題にチャレンジ！

5 プラスα 対策問題集や類題で力を付ける

過去問のこだわり

最新問題は問題ページ、イラストページ、解答・解説ページが独立しており、お子さまにすぐに取り掛かっていただける作りになっています。
ニチガクの学校別問題集ならではの、学習法を含めたアドバイスを利用して効率のよい家庭学習を進めてください。

各問題のジャンル

問題4 分野：系列

〈準備〉 クーピーペン（赤）

〈問題〉 左側に並んでいる３つの形を見てください。真ん中の抜けているところには右側のどの四角が入ると繋がるでしょうか。右側から探して○を付けてください。

〈時間〉 30秒

〈解答〉 ①真ん中　②右　③左

アドバイス

複雑な系列の問題です。それぞれの問題がどのような約束で構成されているのか確認をしましょう。この約束が理解できていないと問題を解くことができません。また、約束を見つけるとき、一つの視点、考えに固執するのではなく、色々と着眼点を変えてとらえるようにすることで発見しやすくなります。この問題では、①と②は中の模様が右の方へまっすぐ1つずつ移動しています。③は4つの矢印が右の方へ回転して1つずつ移動しています。それぞれ移動のし方が違うことに気が付きましたでしょうか。系列にも様々な出題がありますので、このような系列の問題も学習しておくことをおすすめ致します。系列の問題は、約束を早く見つけることがポイントです。

【おすすめ問題集】
Ｊｒ・ウォッチャー６「系列」

アドバイス

各問題の解説や学校の観点、指導のポイントなどを教えます。
今日から保護者の方が家庭学習の先生に！

おすすめ対策問題集

分野ごとに対策問題集をご紹介。苦手分野の克服に最適です！
＊専用注文書付き。

2025年度版　白百合学園小学校　過去問題集

発行日　2024年7月23日
発行所　〒162-0821 東京都新宿区津久戸町 3-11-9F
日本学習図書株式会社
電　話　03-5261-8951 ㈹

ISBN978-4-7761-5554-6

C6037 ¥2100E

定価2,310円
(本体2,100円+税10%)

詳細は https://www.nichigaku.jp 日本学習図書 検索